Super Omnia Bonae Voluntatis

Impressum

John E. Labrise
Saint Joseph Books
75376 River Road
Saint Benedict, LA 70457 U.S.A.
Aus dem Englischen übersetzt
Cover und Titelbild-Illustration von Sam Wall
Illustrationen im Buch von Izabela Ciesinska
ISBN: 978-1-963123-07-4 (Hardcover)
ISBN: 978-1-963123-08-1 (Taschenbuch)
ISBN: 978-1-963123-09-8 (E-Book)
Copyright © 2024 von John E. Labrise

Reflexionen eines ungewöhnlichen Mönchs

LOB für *Reflexionen eines ungewöhnlichen Mönchs*

„Gelehrte und Intellektuelle sind für mich wie kokette Damen. Man sollte sie besuchen, mit ihnen parlieren, aber sie weder heiraten noch zu Ministern machen."
– Napoleon Bonaparte
Kaiser von Frankreich

„Jede Tätigkeit, die mit reinem Herzen ausgeübt wird, wird Früchte tragen, ob diese für uns sichtbar sind oder nicht."
– Mahatma Gandhi
Weiser Mann

„Erfolg ist kein Zufall. Er ist harte Arbeit, Ausdauer, Lernen, Studieren, Aufopferung, jedoch vor allem Liebe zu dem, was du tust oder dabei bist zu lernen."
– Pelé
Fußball-Legende

„Alles hat seine Schönheit, aber nicht jeder sieht sie."
– Konfuzius
Einer der Weisen, die Jesus besuchten

„Ein Mensch, der nie einen Fehler gemacht hat, hat nie etwas Neues ausprobiert."
– Albert Einstein
Genie

„Nähere dich ihm und es gibt keinen Anfang; folge ihm und es gibt kein Ende. Du kannst es nicht wissen, aber du kannst es sein."
– Lao-Tse
Autor des *Daodejing*
Zweiter der Weisen, die Jesus besuchten
(Gandhi war der Dritte)

„Ich habe das Gefühl, dass wir nicht mehr in Kansas sind."
– Dorothy in *Der Zauberer von Oz*
Schauspielerin

Ein Held wird erwählt – Reihe
Heldengeschichten der Heiligen

Buch Eins
Reflexionen eines ungewöhnlichen Mönchs
Auf dem Weg zu einer Theologie des Helden-Heiligtums

Buch Zwei
Die Mission der Jungfrau
Die Heldengeschichte der Jeanne d'Arc

Buch Drei
Gottes guter Diener und der des Königs
Die Heldengeschichte des Thomas More

Buch Vier
König der Könige
Die Heldengeschichte Jesu von Nazareth

Buch Fünf
Mönch, Priester und Märtyrer
Die Heldengeschichte des Maximilian Kolbe

Buch Sechs
Eine nie erzählte Geschichte der Berufung
Eine Heldengeschichte zukünftiger Heiliger

Buch Sieben
Biblische Heldenverse
Meditationen eines Heiligen

Reflexionen eines Ungewöhnlichen Mönchs

Auf dem Weg zu einer Theologie des Helden-Heiligtums

Bruder Emmanuel Labrise, O.S.B.

Ein Held wird erwählt

Buch 1

Saint Joseph Books

Copright © 2024 von John E. Labrise

Saint Joseph Books
Saint Benedict, Louisiana

Englischer Originaltitel: *Reflections of an Uncommon Monk: Toward a Theology of Hero-Sainthood*
Aus dem Englischen übersetzt
Cover und Titelbild-Illustration von Sam Wall
Illustrationen im Buch von Izabela Ciesinska

Alle Rechte vorbehalten. Mit Ausnahme von kurzen Auszügen, die in Artikeln und kritischen Rezensionen verwendet werden, darf kein Teil dieses Werkes ohne vorherige schriftliche Genehmigung des Urheberrechtsinhabers in irgendeiner Form, sei es in gedruckt oder elektronisch, vervielfältigt, übertragen oder gespeichert werden.

ISBN 978-1-963123-07-4 (Hardcover)
ISBN 978-1-963123-08-1 (Taschenbuch)
ISBN 978-1-963123-09-8 (E-Book)

Einige Figuren, Ereignisse und Szenarien in diesem Buch sind fiktiv. Jede Ähnlichkeit mit lebenden oder verstorbenen Personen ist zufällig und vom Autor nicht beabsichtigt.

Alle Verse der Schrift, mit Ausnahme derjenigen aus dem Buch Jesus Sirach, werden zitiert aus: Elberfelder Bibel 2006, © 2006 SCM R.Brockhaus in der SCM Verlagsgruppe GmbH, Holzgerlingen (www.scm-brockhaus.de).

Die zitieren Schriftstellen aus dem Buch Jesus Sirach stamen von:
Gute Nachricht Bibel, © 2018 Deutsche Bibelgesellschaft, Stuttgart (www.die-bibel.de).

Ich habe mich bemüht, alle Urheberrechtsinhaber zu kontaktieren.

Erstmals gedruckt im Jahr 2025.

Inhaltsverzeichnis

Einführung in die Serie i

Einleitung zu Buch 1 ix

1. Es beginnt mit einem Traum 1

2. Die Fülle der Zeit 6

3. Das Große Spiel 10

4. Das Mysterium der Ungerechtigkeit 14

5. Der Schrottplatz der zerbrochenen Träume 20

6. Der Zug zum Bahnhof 24

7. Eine Fibel über das geistliche Leben, Teil 1 27

8. Ein Held wird erwählt 34

9. Eine Fibel über das geistliche Leben, Teil 2 41

10. Achtsamkeit und die Praxis der Gottesgegenwart 50

11. Beharrlichkeit und Eigenwille 55

12. Christentum im Niedergang 63

13. Fünf Vorschläge 70

14. Eine Fibel über das geistliche Leben, Teil 3 79

15. Freundschaft mit Gott 85

16. Eine Fibel über das geistliche Leben, Teil 4 90

17. Der Weg des Lebens 98

18. Das S.A.-Prinzip 107

19. Binäre Bewegungen und Entscheidungen 111

20. Heilige Schrift und Geschichte 120

21. Eine Fibel über das geistliche Leben, Teil 5......................................129

22. Genügend Zeit..136

23. Wir-Sie..139

24. Eine Fibel über das geistliche Leben, Teil 6......................................148

25. Der Gott der zweiten Chancen 153

26. Eine Fibel über das geistliche Leben, Teil 7......................................155

27. Schätze und Perlen 162

Fazit...167

Nachwort...170

Über den Autor 172

Einführung in die Serie

Reflexionen eines ungewöhnlichen Mönchs ist das erste Buch der Serie *Ein Held wird erwählt* und dient als spirituelle und moralische Grundlage. Ab dem zweiten Buch, *Die Mission der Jungfrau*, bauen alle Geschichten auf den Themen auf, die in *Reflexionen eines ungewöhnlichen Mönchs* eingeführt wurden. Das Hauptziel dieser Reihe ist, christliche spirituelle Prinzipien zu vermitteln und moralische Tugenden über die Geschichte von heiligen Helden zu lehren.

An dieser Stelle sollte eine Anmerkung zum zentralen Konzept und den vorherrschenden Themen in jedem Buch gemacht werden, beginnend mit: *Die Mission der Jungfrau*. Jede Geschichte, ob historisch oder fiktiv, erzählt die Geschichte eines oder mehrerer heiligen Helden, die von Gott zu einer bestimmten Berufung auserwählt wurden, um eine persönliche Mission zu erfüllen. Der historische Kontext ist entscheidend. Ein großer Teil jedes Buches ist deshalb der Einordnung der Protagonisten in ihr historisches Umfeld gewidmet, in dem ihnen die Möglichkeit geboten wird, eine oder mehrere Aufgaben zu erfüllen oder

Ereignisse zu ertragen, die sie zum heiligen Helden qualifizieren. In allen Fällen – mit Ausnahme von Remmy Kimm, die in der fiktionalen Erzählung *Eine nie erzählte Geschichte der Berufung* vorkommt – geschieht dies gegen Ende ihres Lebens. Das Ereignis selbst kann Jahre dauern oder auch nur einen Tag. Der Zeitrahmen ist aber weniger wichtig als das Heldenereignis oder der Heldenmoment selbst. Man kann durch eine einzige heldenhafte Tat am Ende seines Lebens oder durch einen lebenslangen selbstlosen Dienst zum heiligen Helden werden. Dom Tom Mo – der andere Protagonist in *Eine nie erzählte Geschichte der Berufung* – wurde dazu berufen, innerhalb weniger Stunden sein Leben für die Passagiere an Bord seines Raumschiffs zu opfern. Remmy Kimm hingegen wurde zu jahrelangem Missionarsdienst und zum Überleben einer Nahtoderfahrung berufen. Beide sind Märtyrer, der eine rot (Blut, Tod), die andere weiß (selbstloser Dienst für andere).

Weniger wichtig als das Heldenereignis und der Heldenmoment ist die Position im Leben, die jemand einnimmt, wenn er oder sie berufen wird. Jeanne d'Arc wurde aus dem Verborgenen zu einer öffentlichen Mission berufen, die weniger als ein Jahr dauerte und damit endete, dass sie als Ketzerin auf dem Scheiterhaufen verbrannt wurde. Thomas More wurde aus der Prominenz heraus berufen, sein hohes Ansehen in der englischen Gesellschaft und sogar sein Leben für die Treue zu seinem Glauben zu opfern, zu dem er sich bekannt hatte. Jesus von Nazareth wurde aus dem Verborgenen zu seinem öffentlichen Wirken berufen, das etwa drei Jahre dauerte und mit seiner Kreuzigung endete. Das Heldenereignis und der Heldenmoment stellen die bei der Berufung bereits vorhandenen Kompetenzen und Vorzüge in den Schatten. Mit Ausnahme vielleicht des Heiligen Thomas More handeln alle Geschichten von Außenseitern.

Eine zweite Anmerkung betrifft die Einordnung dieser Bücher in den Bereich der Literatur. Meiner Meinung nach ist keines der Werke aus dieser Reihe – ob nun historisch oder fiktiv – im strengen Sinne ein Werk der Biografie, Geschichte oder Fiktion, auch wenn sie biografische Berichte, historische Inhalte oder Fiktion enthalten. Noch viel weniger handelt es sich um Hagiografien, auch wenn sie sich mit dem Leben heiliggesprochener Helden befassen. Vielmehr sind sie dem Genre der christlichen Sachliteratur zuzuordnen.

Diejenigen, die die Arbeit von Joseph Campbell schätzen – insbesondere sein einflussreiches Werk *Der Held mit den tausend Gesichtern* –, könnten in den Seiten dieser Bücher Lohnenswertes finden. Ich habe jedoch weder versucht, die fiktiven Charaktere nach seinen Schriften zu gestalten, noch die Nacherzählung der Geschichten tatsächlicher historischer Personen auf der Grundlage seiner Arbeit über Mythen und mythische Figuren zu verändern. Vielmehr fühle ich mich von dem Urbild und dem archetypischen Verhalten des heiligen Helden angezogen, der tief im Unterbewusstsein eines jeden Menschen liegt – zumindest, wenn man der Jungschen Theorie folgt. Dieses Unterbewusstsein – wie so viele andere – manifestiert sich in Filmen, Büchern, Kunst und öffentlichen Darbietungen aller Epochen – von der

Antike bis zu den populären Filmen von heute. Es ist der Archetyp des heiligen Helden, der als psychologische Grundlage für die Geschichten dieser Reihe dient.

Ich hielt es für hilfreich, ein kurzes Lexikon der Begriffe zu erstellen, auf die sich der Leser konzentrieren kann. Zwar kann ich nicht für jeden Begriff eine genaue Definition geben, da die Bedeutung je nach Lebenssituation fließend ist, aber zumindest wird die Erwähnung der Begriffe dazu beitragen, dem Leser die relevanten Aspekte der einzelnen Geschichten sowie die Thematik und die Essenz dieser Serie bewusst zu machen. Das Lexikon befindet sich auf der nachfolgenden Seite.

Lexikon der Begriffe

1. Ablauf der Mission
2. Belohnung
3. Berufung
4. Bewährungsprobe
5. Deus ex Machina
6. Drehender Wind
7. Erfüllung im Leben
8. Fluss der Zeit
9. Heiliger Held
10. Heiliger im Werden
11. Heiligkeit
12. Heiligung
13. Heldenabenteuer
14. Heldenereignis
15. Heldengeschichte
16. Heldenmission
17. Heldenmoment
18. Katharsis
19. Lauf der Geschichte
20. Lebensweg
21. Lebenszweck
22. Mission
23. Mysterium
24. Ozeane der Ewigkeit
25. Persönliche Heiligkeit
26. Pilger

27. Pilgerreise
28. Reisender
29. Sinn des Lebens
30. Tod, der in die Ewigkeit führt
31. Wert im Leben
32. Wüstenerfahrung
33. Zufriedenheit im Leben

Buch 1

Reflexionen eines ungewöhnlichen Mönchs

Einleitung zu Buch 1

Jedes Buch ist so etwas wie eine Reise. Und die Reise, die Sie in diesem bescheidenen Büchlein unternehmen, steht als Metapher für die Reise, die wir alle im Leben unternehmen. *Reflexionen eines ungewöhnlichen Mönchs* handelt von Leben und Tod, von Pilgerschaft und Suche, von Schicksal, Ziel und Ewigkeit.

Die Reise dieses Buches beginnt auf dem Titelbild. Die Illustration dient bereits als visuelle Darstellung oder Momentaufnahme dieser Reise. So wie die Glasfenster in einer Kirche lehren und eine Geschichte erzählen sollen, fasst die Symbolik des Titelbildes den Inhalt dieses Buches zusammen und soll eine Botschaft vermitteln. Der obere Teil des Wüstenhimmels bei Einbruch der Nacht weist auf die Zukunft und das Universum hin, das selbst ein Symbol für die Ewigkeit ist. Er stellt eine Verbindung zur ersten Überlegung her, die heißt: *Es beginnt mit einem Traum*. Träume sind ein erster Schritt zur Erfüllung von etwas, das in der Zukunft liegt. Alle Träume blicken nach vorn, nach oben, nach außen und darüber hinaus. Sie blicken in die Zukunft und in einem sehr realen Sinn auch in die Ewigkeit. Denn die Zukunft ist ewig. Und die Ewigkeit ist die Zukunft für uns alle. Dieses Buch beginnt mit einem Traum.

Der untere Teil des Titelbildes zeigt die Erde, auf der wir gehen und durch unser Leben reisen. Der Mönch stellt dabei Sie und mich dar. Die Reise, die er – oder sie – durch die Wüste unternimmt, steht für Ihre und meine Reise durch das Leben. Der Horizont, zu dem der Mönch sich bewegt, hat sowohl ein irdisches, zeitliches als auch ein ewiges, himmlisches Element. Wir alle gehen auf diesen Horizont zu – ob wir wollen oder nicht. Unsere Träume und die Art und Weise, wie wir unser Leben auf der Erde leben, gestalten unser endgültiges Ziel und unser Dasein in der Ewigkeit. Aber der wichtigste Aspekt dieses Mysteriums ist das, was Gott für uns bestimmt hat. Es ist eine grundlegende spirituelle Wahrheit, dass man von Gott stets das bekommt, was man will. Aber wir sollten uns auch fragen, ob Gott von uns immer das bekommt, was er will.

Unser Weg durch das Leben, wie auch unser Weg durch dieses Buch, ist – ob wir es nun zugeben oder nicht – im Wesentlichen einsam und gleichzeitig gemeinschaftlich. Die Einsamkeit der Wüste – ein Ort, den die Mönche seit den Anfängen des christlichen oder anderen Mönchtums suchen – mag ein *Ort* wie die Sahara oder die judäische Wüste sein. Aber sie ist auch immer ein *Zustand* des Gebets, der Besinnung und der Nähe zu Gott. Die letzte Illustration nach dem Nachwort stellt die zweideutige Erfüllung der Reise des Mönchs und der unseren dar, wenn die Fußspuren in den weiten Wüsten der Zeit und den fernen Horizonten der Zukunft und der Ewigkeit verschwinden. Wir wissen nicht, wie die Reise des Mönchs verlief oder wohin sein Weg ihn führte. Aber wir wissen, dass seine oder ihre Reise zielgerichtet war und dass auch wir uns auf einer Reise befinden – ob nun zielgerichtet oder nicht.

Dieses Buch beginnt mit einem Traum und endet in der Ewigkeit. Es ist eine Reise, deren Weg in persönlicher Heiligkeit gipfelt. Die Fußabdrücke in der letzten Illustration stellen den Weg derer dar, die ihn gehen. Für einige wenige Auserwählte ist es ein Weg der kühnen Jüngerschaft, die sie zu einem heiligen Helden macht.

Reflexionen eines ungewöhnlichen Mönchs besteht aus 27 Reflexionen, die als moralische und spirituelle Grundlage für die Heldengeschichten in dieser Reihe dienen. Manchmal ist die Verbindung zwischen der spirituellen oder moralischen Wahrheit und dem historischen oder fiktiven Bericht offenkundig – wie bei den Kapitelüberschriften, die sich auf ein Element in der Betrachtung *Ein Held wird erwählt* beziehen. Meistens ist die Verbindung nur angedeutet – wie bei der Betrachtung *Die Fülle der Zeit*, die sich durch alle diese Bücher zieht. Der aufmerksame Lesende wird am meisten davon profitieren, wenn er oder sie die Geschichten im Lichte der Überlegungen liest. Das dürfte keine allzu schwierige Übung sein und ist auf jeden Fall der Mühe wert.

Im hinteren Teil des Buches befinden sich einige leere Seiten, die für persönliche Notizen vorgesehen sind. Wenn Sie also auf etwas für Sie Bedeutsames stoßen, notieren Sie sich bitte Ihre Gedanken. Betrachten Sie es als eine Art Tagebuch.

Denn obwohl wir im Fleisch wandeln, kämpfen wir nicht nach dem Fleisch; denn die Waffen unseres Kampfes sind nicht fleischlich, sondern mächtig für Gott zur Zerstörung von Festungen; so zerstören wir ⟨überspitzte⟩ Gedankengebäude und jede Höhe, die sich gegen die Erkenntnis Gottes erhebt, und nehmen jeden Gedanken gefangen unter den Gehorsam Christi.

2. Korinther 10,3–5

1

Es beginnt mit einem Traum

Ich habe gehört, dass es Gaben gibt, die wir *mit Sicherheit* von Gott erhalten werden – ob wir nun darum beten oder nicht. Und dass es Gaben gibt, die wir *niemals* von Gott erhalten werden – ob wir darum beten oder nicht. Aber es gibt auch Gaben, die wir *nur* von Gott erhalten, wenn wir darum beten.

Es beginnt mit einem Traum.

Dann kommt das Gebet.

Dann die Hoffnung.

~

Wir alle haben kleine und große Träume. Und doch gibt es Zeiten im Leben einiger von uns, in denen ein Traum den anderen überragt. Ein allumfassender Gedanke oder eine Vision, die dem eigenen Leben einen Sinn gibt und als eine Art zentrales, organisierendes Prinzip dient. Manche Träume verändern die Welt.

Martin Luther King hatte einen Traum. „Ich habe einen Traum ...", sagte er und betete. Er liebte seinen Traum sogar so sehr, dass er bereit war, für ihn zu sterben. Ich denke oft, dass der Charakter eines Menschen daran gemessen wird, was er oder sie bereit ist, für das zu opfern, was er oder sie am meisten schätzt. Manche Träume sind sehr wertvoll. Sie sind es wert, dafür zu sterben.

Ich weiß nicht, ob Henry Ford gebetet hat. Aber ich weiß, dass er einen Traum hatte. Er erkannte die lebensverändernden Vorteile, die das neu erfundene Automobil den Amerikanern und der ganzen Nation bringen konnte. Und er malte sich aus, einen Weg zu finden, um ein äußerst langlebiges Automobil in Massenproduktion herzustellen, das er zu einem erschwinglichen Preis verkaufen konnte. Der Historiker Paul Johnson schrieb über Ford: „Er veranschaulicht die Macht einer guten, aber einfachen Idee, die von einem Mann mit unerbittlichem Willen zielstrebig verfolgt wird." Nichts auf dieser Welt ist perfekt und auch die Industrialisierung hat ihren Preis. Aber es steht außer Frage, dass die motorisierten Fahrzeuge die Lebensqualität von Milliarden von Menschen verbessert haben. Manche Träume sind es wert, dafür zu leben. Und manche Menschen haben das Glück, ihre Träume wahr werden zu sehen.

Träume können mächtig sein. Manche können auch schmerzhaft und gefährlich sein. Es ist ratsam, mit Träumen und Wünschen vorsichtig umzugehen. Manche Träume haben ewig andauernde Konsequenzen. Ein alter Mönch lehrte mich einmal, dass wir von Gott stets bekommen, was wir wollen. Er bezog sich dabei nicht auf oberflächliche, vergängliche Wünsche, die einen zeitlichen Gewinn ohne Bezug zu unserem geistigen Wohl beinhalten. Er bezog sich vielmehr auf die Wünsche, die tief in unserem Herzen liegen und die bis in die Ewigkeit bestehen. Die alten Griechen haben uns einen großartigen Ratschlag hinterlassen: „Erkenne dich selbst." Doch der einzige Weg, sich selbst wirklich zu erkennen, besteht darin, regelmäßig viel Zeit in Stille und Einsamkeit mit tiefer Selbstreflexion und Meditation zu verbringen. Die Heilige Schrift lehrt, wie quälend das menschliche Herz sein kann (Jeremia 17,9). Erkenne dich selbst! Denn, was wir nicht wissen, kann uns verletzen.

Träume können auch kostspielig und manchmal vergeblich sein. In den Annalen der Menschheitsgeschichte gibt es einen Schrottplatz der zerbrochenen Träume – gefüllt mit Geschichten von zerstörten Leben, geplatzten Hoffnungen, abgebrannten Brücken und nicht wahr gewordenen Träumen. Manche Menschen reagieren darauf mit Handlungen, die ihr Unglück nur noch verschlimmern – wie jene, die sich zu Beginn der Weltwirtschaftskrise aus dem Fenster stürzten, weil ihre finanziellen Hoffnungen ruiniert wurden.

Fantine in der Musicalversion von *Les Misérables* singt – wenn auch nicht ganz so wie jemand, dessen Traum von einer zukünftigen Verwirklichung abhängt: „Ich träumte einen Traum ..." Sie sehnt sich nach und träumt von etwas, das sie nie wieder haben kann. Ihr Traum wurde durch ein Leben in Elend und Armut ersetzt. Sie ist ein dramatisches literarisches Beispiel für jemanden, der vom „Leben eines Traums" zum Albtraum „dieser Hölle, in der ich lebe" überging. Doch Ende gut, alles gut. Sie erholte sich und am Ende der Geschichte singt sie „Komm mit mir ..." zu dem Mann, der ihre Tochter nach ihrem frühen Tod bis zum Erwachsensein aufzog. Sie hatte es in den Himmel geschafft und wollte sich nun revanchieren. Die Moral von der Geschichte ist, dass wir, auch wenn unsere irdischen Träume zerplatzen, weiterhin wie ein Phönix aus der Asche des Ruins auferstehen können, und es noch ein anderes Leben und eine andere Welt jenseits dieser irdischen Realität gibt. Einen besseren Ort, auf den man hoffen kann und an dem die ewigen Träume noch wahr werden können.

In einem Fernsehinterview in der Sendung *Firing Line mit Margaret Hoover* sagte das Supermodel Paulina Porizkova: „Die besten Dinge im Leben sind nicht einfach zu bekommen." Die besten Träume im Leben sind weder einfach noch billig. Die besten Träume im Leben dauern bis in die Ewigkeit.

Auch Mönche haben Träume. Ich möchte lernen und wachsen. Ich möchte ein Heiliger werden.

> Meine Mission ist es, ein Heiliger zu werden und Gottes Reich der Liebe zu verbreiten. Zur Ehre Gottes und zum Wohle aller.

Es beginnt mit einem Traum. Dann kommt das Gebet.

> Bittet, und es wird euch gegeben werden; sucht, und ihr werdet finden; klopft an, und es wird euch geöffnet werden! Denn jeder Bittende empfängt, und der Suchende findet, und dem Anklopfenden wird geöffnet werden. (Matthäus 7,7–8)

Dann kommen Mut und Hoffnung.

> Darum sage ich euch: Alles, um was ihr auch betet und bittet, glaubt, dass ihr es empfangen habt, und es wird euch werden. (Markus 11,24)

Dann kommt das Leiden. Dann die Liebe.

Was ist Ihr Traum?

2

Die Fülle der Zeit

Das Frauen-Basketballteam der Louisiana State University hatte soeben seine erste nationale Meisterschaft gewonnen, und Kim Mulkey, die Cheftrainerin in ihrem zweiten Jahr an der LSU, war überglücklich. In einem Interview gleich nach dem Spiel personifizierte sie Freude und Dankbarkeit und erwähnte gleich zweimal, dass sie „gesegnet" sei.

Nach einer erfolgreichen Amtszeit als Basketballtrainerin an der Baylor University, in der sie drei nationale Meisterschaften gewann, beschloss Mulkey, dass es an der Zeit war, in ihren Heimatstaat Louisiana zurückzukehren und nahm das Angebot an, Cheftrainerin der LSU zu werden. Nachdem sie bereits in ihrem zweiten Jahr die nationale Meisterschaft gewonnen hatte, waren sich die meisten Menschen einig, dass sie das Programm schneller als geplant voranbringen wird.

Als die Mannschaft einige Tage nach dem Turnier empfangen wurde, stand Mulkey zusammen mit ihrem Team auf der Bühne und sprach zu den Zuschauern, die sich an der Heimspielstätte der LSU versammelt hatten. In Bezug auf die Tatsache, dass sie erst zwei Jahre zuvor **nach Hause** zurückgekehrt war, sagte sie: „Timing ist in unserem Leben alles." Mulkey scheint damit sagen zu wollen, dass sie neben ihren vielen Segnungen – und viel harter Arbeit – das gute Timing als einen Faktor für ihren Erfolg ansieht.

Gutes Timing ist ein Segen, den wir alle genießen sollten, auch wenn nur sehr wenige von uns jemals eine nationale Meisterschaft gewinnen werden. Die Heilige Schrift sagt, dass alles unter der Sonne seine Zeit hat:

> Zeit fürs Gebären und Zeit fürs Sterben, Zeit fürs Pflanzen und Zeit fürs Ausreißen des Gepflanzten (Prediger 3,2)

Die alten Griechen hatten eine Vorstellung von der Zeit als *chronos* und *kairos*. *Chronos* ist die Zeit, die mit einer Uhr, einem Kalender oder einem anderen Messinstrument gemessen werden kann. *Chronos* entspricht den physischen Umdrehungen der Erde um ihre Achse, die unsere irdischen Tage bilden, sowie denen der Erde um die Sonne, die unsere irdischen Jahre bestimmen. *Kairos* hingegen ist unabhängig von physischen Bewegungen und quantitativen Messungen. Es hat einen qualitativen Charakter und zeigt sich in Aussagen wie „die richtige Zeit" und „es ist höchste Zeit". Die *Kairos*-Zeit ist dann am Werk, wenn man für einen lehrreichen Moment „bereit" ist. Sie wirkt in den Worten von Victor Hugo, der schrieb: „Nichts ist mächtiger als eine Idee, deren Zeit gekommen ist." Und sie ist in Gottes Plan in jedem unserer Leben am Werk, so wie es im Leben Jesu auch der Fall war, als er von Maria in der „Fülle der Zeit" (Galater 4,4) geboren wurde.

Aber stimmt es wirklich, dass „Timing alles ist"? Oder stimmt es auch – wie bei Immobilien –, dass der „Standort alles ist"? Vielleicht ist beides wahr, wenn wir es im richtigen Sinne verstehen? Und vielleicht ist keines von beiden absolut wahr? Vielleicht brauchen wir sowohl den „richtigen Ort" als auch die „richtige Zeit". Kim Mulkey war sicherlich zur richtigen Zeit am richtigen Ort, als sie die nationale Meisterschaft gewann.

Was das Leben Christi betrifft, so wissen wir zwar nicht genau, *wann* er geboren wurde, aber wir wissen, dass er während der Regierungszeit von Cäsar Augustus, dem ersten und größten römischen Kaiser und einem der erfolgreichsten Führer der westlichen Zivilisation, geboren wurde. Genauer gesagt, wissen wir, dass er während der Herrschaft von König Herodes geboren wurde, der um 4 v. Chr. starb, was es uns ermöglicht, die Geburt Christi auf 6–4 v. Chr. zu datieren. Auch wenn wir das Datum seines Todes nicht genau kennen, wissen wir, dass er zwischen 26 und 36 n. Chr. gekreuzigt wurde, als Pontius Pilatus Statthalter in Judäa war. Auch wenn wir uns über den *Chronos* des Lebens Christi nicht sicher sein können, so können wir doch sicher sein, dass er vollständig in der *Kairos*-Zeit lebte, der „Fülle der Zeit"; einer Zeit, die Gott allein für ihn vorbereitet hatte.

Jesus, so scheint es, musste sich kaum Gedanken über gutes Timing machen. Wir können in unserem Glauben sicher sein, dass er stets zur richtigen Zeit am richtigen Ort war, weil es Gottes

Wille war. Und das ist der Schlüssel: Gutes Timing und der richtige Ort, oder „zur richtigen Zeit am richtigen Ort zu sein", sind ein göttlicher Segen. Sie sind eine Folge davon, dass man Gottes Willen folgt. Oder für diejenigen, die sich noch nicht vollkommen danach ausgerichtet haben: Es ist ein Zeichen der Vorherbestimmung und eine Gelegenheit, den Lebensstil so anzupassen, dass er mit Gottes Plan übereinstimmt.

Die LSU gewann das Endspiel um die nationale Meisterschaft an einem Sonntag, dem Palmsonntag – eine Tatsache, dem Spielfeld unmittelbar nach dem Spiel nicht unerwähnt ließ. Sie war zur richtigen Zeit am richtigen Ort. Genau wie Christus am Palmsonntag zweitausend Jahre zuvor. Wir sollten erleichtert aufatmen, wenn wir uns auf unserem Lebensweg zur richtigen Zeit am richtigen Ort befinden. Und wenn wir es nicht tun, müssen wir mit dem Gebet beginnen. Denn nur Gott kann uns dorthin bringen.

Sind Sie auf Ihrem irdischen Weg zur richtigen Zeit am richtigen Ort? Ist der heutige Tag eine Palmsonntags-Erfahrung für Sie?

3

Das Große Spiel

Ich habe den Eindruck, dass in der Gesellschaft ein großes Spiel gespielt wird. Es ist kein Spiel, das nur zu einer bestimmten Zeit oder an einem bestimmten Ort stattfindet. Und es wird auch nicht mit materiellen Gegenständen gespielt, wie es in der amerikanischen Phrase *Wer mit dem meisten Spielzeug stirbt, gewinnt* beispielhaft dargestellt wird. Vielmehr handelt es sich um ein Spiel, bei dem immaterielle Gegenstände wie Wörter, Begriffe und Phrasen, Vernunft, Logik und Rhetorik, Meinungen, Konzepte und Wahrnehmungen, Fachsprache, Kurzschrift, Schlagworte und Jargon verwendet werden. Da diese Dinge Teil des täglichen Lebens sind, kann das Große Spiel von jedem gespielt werden. Sie werden bald feststellen, dass es im In- und Ausland, an Schulen und am Arbeitsplatz, in der Wissenschaft, in staatlichen Institutionen und in der Politik gespielt wird.

Das Spiel wird am deutlichsten im öffentlichen Diskurs und vor allem in den Medien ausgetragen und es findet sich auch in den Seiten der Geschichte wieder. Es ist kein Spiel, das notwendigerweise Spaß macht, obwohl ich vermute, dass einige Menschen sich daran erfreuen. Das Große Spiel ist untrennbar verbunden mit der tiefgreifendsten Dynamik in der gesamten Menschheitsgeschichte: dem Kampf zwischen Gut und Böse.

Das Große Spiel ist im Wesentlichen ein Krieg der Worte, der Rhetorik und der Logik. Das Schlachtfeld befindet sich in den Herzen und Köpfen der Menschen. Auf der einen Seite stehen die Wahrheit und alle damit verbundenen Tugenden, auf der anderen Falschheit, Dunkelheit, Unwissenheit, Betrug und ähnliche Laster. Da das Große Spiel weitgehend immateriell ist und dennoch materielle Folgen hat, ist es zeit- und ortsunabhängig. Es wird mit dem gesprochenen und geschriebenen Wort von gestern, heute und morgen gespielt.

Bei diesem Spiel steht, im wahrsten Sinne des Wortes, viel auf dem Spiel, sowohl in dieser als auch in der nächsten Welt. Während Erlösung der ultimative Preis ist, der entweder gewonnen oder verloren wird, sind mit dem Spiel weitreichende Konsequenzen für diese Welt verbunden. In den Kulturkriegen, die heute in der Gesellschaft toben, steht viel auf dem Spiel, und die Welt, die wir gestalten, wird diejenige sein, die wir morgen unseren Nachkommen vermachen.

Keiner von uns kann sich der Teilnahme am Großen Spiel völlig entziehen, da wir alle in der einen oder anderen Form davon betroffen sind. Edgar Allan Poe, wie auch andere, riet: „Glaube nichts, was du hörst, und nur die Hälfte von dem, was du siehst." Diesen Rat beherzige ich, wenn ich eine Zeitung oder Zeitschrift lese oder wenn ich die Nachrichten im Radio oder Fernsehen höre. Ich versuche zu erkennen, was zwischen den Zeilen und im Hintergrund passiert. Welche Vorannahmen werden zugrunde gelegt? Sind die für mich a priori gültigen Werte und Prinzipien denen des Autors oder Sprechers ähnlich? Kann ich daraus etwas lernen? Werde ich dadurch wachsen? Werde ich einer Gehirnwäsche unterzogen? Wie passt das zu meinen Werten und dem, was ich für gut und wahr halte? Stimmt es mit meinem christlichen Glauben und Moralvorstellungen überein? Eine gesunde Dosis intellektueller Skepsis ist eine gute Sache, aber es sollte nicht die Art sein, die uns zynisch oder abgestumpft werden lässt.

Fast alles im Leben ist ein Projekt und ein Prozess. Das menschliche Leben ist ein ständiger Prozess der Formung, ob wir uns dessen nun bewusst sind oder nicht. Wir werden konstant von den Reizen beeinflusst, die wir von der Welt um uns herum erhalten. Wie wir auf diese Reize reagieren, ist mindestens genauso prägend wie die Reize selbst. Alles hat das Potenzial, mich zu beeinflussen, und es liegt in meiner Verantwortung, die Kontrolle darüber zu übernehmen, wie mein Innenleben geformt und beeinflusst wird. Ich will das Große Spiel nicht verlieren, nur weil ich nicht wusste, dass ich getäuscht wurde. Genauso wenig wie ich den Großen Krieg um unser Seelenheil verlieren will, weil ich nicht wusste, dass ich in die Irre geführt wurde. Ich sehe diese beiden Ereignisse als eng miteinander verbunden an.

Der Abstieg in die Hölle

4

Das Mysterium der Ungerechtigkeit

Ah, das Große Spiel ...

Ich spiele das Große Spiel nun schon seit vielen Jahren. Ich habe es wie ein Großmeister studiert und wie ein Champion perfektioniert. Ich kenne alle Wege und alle kleinen Tricks. Ich weiß, wann man langsamer werden und wann man sich beeilen sollte. Wann man sich zurückziehen und wann man vorpreschen sollte. Wann man sich verstellen und wann man ehrlich sein sollte. Es gibt nichts in diesem Spiel, was ich nicht schon gesehen habe. Ich kenne alle Züge und weiß, wann ich sie machen muss. Timing ist alles! Die Perfektionierung meines Handwerks war für mich sozusagen eine Herzensangelegenheit.

Es gibt viele von uns, die das Große Spiel spielen. Man sieht uns in der Gesellschaft nicht besonders oft – wenn überhaupt. Das ist uns auch lieber so. Wir behalten unsere Angelegenheiten für uns, dann laufen die Dinge reibungsloser. Ihr denkt vielleicht, wir sind eine Nischengemeinschaft; Höhlentrolle, die in dunklen Kellern herumhängen und Nacht für Nacht spielen. Aber ihr wisst nicht, dass wir das Tageslicht genauso lieben wie ihr und uns in denselben Kreisen bewegen. Wir sind weit davon entfernt, nachtaktiv und einsiedlerisch zu sein. Wir sind höchst soziale Wesen, die fleißig und produktiv und stets um das Gemeinwohl bemüht sind. Wie ein Bienenvolk, das hilft, Brücken zu bauen und Mauern einzureißen. Stets daran interessiert, was für alle das Beste ist, und auf unsere eigene Art altruistisch. Wir hoffen, die Welt genauso zu verändern wie andere auch. Doch bei aller sozialen Konformität und Verantwortung bleiben wir dem Spiel treu.

> Manchmal hier und manchmal dort
> Ich bin an allen Orten zur gleichen Zeit
> Und stets am selben Ort
> Ich hülle mich in Geheimnisse, verstecke mich vor aller Augen
> Je mehr ihr mich wahrnehmt,
> Desto weniger seid ihr euch meiner bewusst.
> Ich bin der listige Unbekannte
> Über mich wisst ihr wenig Konkretes
> Selbst wenn ihr meine Rätsel löst, bin ich so ausweichend wie der Wind
> Fangt mich in einer Flasche, was habt ihr dann?

Wo also wird das Große Spiel gespielt? Es wird nicht in einer dunklen Ecke des Universums gespielt, sondern im allgemeinen gesellschaftlichen Diskurs und im Licht des Tages. Dennoch eignet es sich perfekt zum Verstecken und für dunkle Ecken. Und genau darin liegt das Rätsel:

> Es steht allen offen und wird von niemandem beherrscht
> Denn wer es beherrscht, wird von ihm beherrscht
> Und wer beherrscht wird, ist ein Sklave

Das Große Spiel wird überall dort gespielt, wo zwei oder drei Person versammelt sind. Und ich bin immer in ihrer Mitte, auch wenn ich von Geheimnissen durchdrungen bin. Ich bin der Meister des Spiels! Lernt von mir und ihr werdet vom Größten lernen. Ich kenne immer den nächsten Spielzug und meine Taktik ist unfehlbar, wie natürlich auch meine Strategie. Meine Waffen sind immer gerecht, auch wenn ich ernte, wo ich nicht säe. Ich bin ein Meister der Verkleidung und mein Sprachgebrauch ist immer im Superlativ. Lasst mich euch das Geheimnis meines Erfolges zeigen und ich werde euch für mich gewinnen.

> Das Große Spiel hat nichts mit Zufall zu tun
> Sondern mit Geschick, Intelligenz und Wagemut
> Man schaut tief ins Innere
> Wo sich die Geheimnisse verbergen
> Und bringt Lügen hervor, um sie zu teilen

Ich bin gleichzeitig Wissenschaftler und Sophist, Krieger und Diplomat, Löwe und Schaf. Dazu noch viele andere Dinge, die ihr jetzt nicht verstehen könnt. Ich bin manchmal das, was ihr von mir wollt, aber niemals das, was ihr denkt. Wenn ich die ganze Hand nicht nehmen kann, nehme ich den Finger. Wenn ich den Finger nicht haben kann, nehme ich ein Haar. Wenn ich euch nicht um 180 Grad drehen kann, drehe ich euch um einen Grad. Ich erwarte nicht, dass ihr plötzlich zu meiner Denkweise bekehrt werdet. Ich bin geduldig. Habe ich Rom an einem Tag erbaut?

Eine verdrehte Phrase hier, ein Euphemismus dort. Eine leichte Fehldarstellung jetzt, eine unbedeutende Fehlinterpretation später. Dazu vielleicht ein paar kleine Auslassungen. Dann werdet ihr das Licht sehen. Ich bin mit Ablenkungsmanövern und Manipulationen ebenso großzügig wie mit unsachlichen Argumenten oder logischen Fehlschlüssen und ich habe noch viele andere Tricks auf Lager. Wenn mir nichts anderes übrigbleibt, werde ich verbergen, verschleiern oder abwarten. Manchmal auch alles gleichzeitig. Dunkelheit ist meine Lieblingsfarbe. Wenn ich etwas falsch darstelle, ist das nur zu eurem Besten. Fehlinformationen sind nur dann schädlich, wenn sie zu unerwünschten Ergebnissen führen. Wenn ihr lernt, die Realität in einem anderen Licht zu sehen, erweitert sich euer Horizont und neue Perspektiven des Bewusstseins werden eröffnet. Eure kognitiven und erfahrbaren Möglichkeiten werden unendlich wachsen. Die leichten Verzerrungen, die ihr bemerkt, werden sich mit der Zeit auflösen, und ihr werdet unter meiner Anleitung weise und anpassungsfähig. Eine Rose mit einem anderen Namen ist vielleicht gar keine Rose!

> Der Tag ist geschafft, das Spiel ist gewonnen
> Auf der Sonne für immer zum Leben erwacht
> Joche sie zusammen und binde sie fest
> Wirf sie in die Dunkelheit der Nacht

Es gibt vieles in der Welt, wovor ich euch schützen möchte. Glaubt ihr, ich würde zulassen, dass ihr im Großen Spiel betrogen werdet? Lernt von mir, denn ich bin sanftmütig und von Herzen bescheiden! Arroganz wird unser nationaler Zeitvertreib sein.

Eine Hexe lehrte uns, dass es Seelen gibt, die vom Teufel mit aller Kraft in Versuchung geführt werden. Aber andere Seelen lässt er zufrieden, weil er weiß, dass er sie bereits hat. Hexe! Verräterin! Woher will sie das wissen? Lasst mich euch von dieser Verblendung und dem großen Tyrannen befreien. Dann werde ich euch zu meinen wahren Dienern machen!

> Wackeln und Wanken
> Verwirren und Blenden
> Auge um Auge und Zahn um Zahn
> Nieselregen und Dreck
> Hafer und Schleim
> Ein Pfennig und ein Groschen für einen Kinderreim

Betrug! Diebstahl! Wollt ihr zulassen, dass sie euch im Großen Spiel für alle Ewigkeit schachmatt setzen? Das Werk meiner Hände, ein Wirbelsturm der Vernunft!

> Ich bin das Geheimnis der Ungerechtigkeit und ein Rätsel der Lüge
> Lernt von mir und ihr werdet nichts wissen
> Sprecht mit mir und ihr werdet nichts hören
> Kommuniziert mit mir und ihr werdet nichts erfahren
> Was habt ihr anderes als den Vater der Lügen?

5

Der Schrottplatz der zerbrochenen Träume

Liebes Tagebuch,

ich befinde mich wieder an derselben Stelle.

Wie kommt es, dass jedes Mal, wenn ich etwas Neues beginne und meine Hoffnungen in etwas setze, es immer in Misserfolg, Enttäuschung und Kummer endet? In meinem Leben geht alles schief. Nichts hält länger über eine anfängliche Phase der Hoffnung und Begeisterung hinaus an. Ich weiß, dass jeder Mensch einmal harte Zeiten durchmacht und Misserfolge, Ablehnung und Verluste erlebt. Aber es scheint, als würde ich davon besonders viel abbekommen. Warum segnet Gott keine meiner Bemühungen?

Oh, es gab Zeiten im Leben, in denen die Dinge mehr oder weniger gut liefen. Manchmal zu meinem Vorteil, manchmal zu meinem Nachteil. Aber nichts von Wert ist von Dauer. Ich kann scheinbar auf nichts aufbauen. Jeder scheinbare Erfolg oder jede Errungenschaft ist nur flüchtig. Zurück bleiben Verlust und Trübsal. Ich weiß, dass es Menschen gibt, deren Leben schwieriger ist als meines, manchmal sogar viel schwieriger, und sie trotzdem aufstehen und weitermachen. Das werde auch ich tun. Ich bete für sie und versuche versuchen, mich auf das Positive im Leben zu konzentrieren.

Ich habe gehört, dass Gott die Anstrengung bewertet, nicht den Erfolg. Schön. Aber es wäre noch schöner, wenn sich einige dieser Anstrengungen eines Tages auch auszahlen würden. Ich habe auch gehört, dass Gott Arbeit, Mühsal, Geduld und guten Willen belohnt. Großartig! Aber besteht vielleicht auch die Möglichkeit, dass ich bereits in diesem Leben eine Belohnung für all meine Mühe und Plackerei erhalte?

Während ich mich Nacht für Nacht auf diesen Seiten entleere, frage ich mich manchmal, ob Gott meine Gebete wirklich erhört. Ich verliere allmählich meine Willenskraft. Und meine Hoffnung.

Wie auch immer, mir fällt schon etwas ein, was ich tun kann. Ich bete für alle, deren Leben schwierig ist. Und ich bete für mich selbst.

Hörst du zu, Gott? Kannst du mich hören?

Der Schrottplatz der zerbrochenen Träume

6

Der Zug zum Bahnhof

Ich hörte einmal die Predigt eines Bischofs, in der er mit der Kindergeschichte *Die kleine blaue Lokomotive* seine Aussage verdeutlichte. Darin geht es um einen Zug, der beständig das Mantra „Ich glaube, ich kann es, ich glaube, ich kann es" wiederholt, während er einen anderen Zug über einen Berg zieht. Ich erinnere mich nicht mehr an die gesamte Predigt, es sind seither viele Jahre vergangen, aber ich habe die Botschaft verstanden, als er sagte: „Es ist nicht unsere Aufgabe, den Zug zum Bahnhof zu bringen."

Wie wir wissen, geht es in dieser Geschichte um den Wert von Anstrengung und Ausdauer. Aber die Botschaft des Bischofs war, dass der Erfolg im geistlichen Leben und im Dienst Gottes mehr von Gnade und Glauben abhängt als von Einsatz und Anstrengung, weil niemand durch Anstrengung und Ausdauer allein je ein Heiliger geworden ist. Was die Predigt für mich so einprägsam machte, war, dass er die Aussage: „Es ist nicht unsere Aufgabe, den Zug zum Bahnhof zu bringen", in einer Art und

Weise wiederholte, die der Botschaft der Geschichte: „Ich glaube, ich kann es, ich glaube, ich kann es", entsprach. Es schien, als wäre mir an diesem Tag eine große Last von den Schultern genommen worden. Ich habe in meinem Leben schon Tausende Predigten gehört, aber ich erinnere mich nur an eine Handvoll von ihnen. Dies ist eine davon.

„Es ist nicht unsere Aufgabe, den Zug zum Bahnhof zu bringen." Es ist die Aufgabe Gottes! Der Herr sagte: „Denn getrennt von mir könnt ihr nichts tun" (Johannes 15,5), was bedeutet, dass der Erfolg in Gottes Dienst von seinem Segen und seiner Mitarbeit abhängt. Dennoch müssen wir *Die kleine blaue Lokomotive* nachahmen, indem wir uns aufrichtig bemühen und so lange durchhalten, wie es vernünftig erscheint. Und vor allem müssen wir an Gott, an uns selbst und an das gute Werk glauben, das wir zu vollbringen versuchen.

„Es ist nicht unsere Aufgabe, den Zug zum Bahnhof zu bringen", aber es ist unsere Aufgabe, die Gleise zu legen! Der Erfolg im Leben mag von Gott abhängen. Aber er wird nicht in unsere Schuhe schlüpfen und die Laufarbeit für uns übernehmen. Die Heilige Faustina hat uns gezeigt, dass Gott Arbeit, Mühsal, Geduld und guten Willen belohnt. Er belohnt die Mühe, in diesem und im nächsten Leben.

„Es ist nicht unsere Aufgabe, den Zug zum Bahnhof zu bringen." Diese Worte werde ich nie vergessen. Ebenso wie es Gottes Aufgabe ist, für den endgültigen Erfolg im Leben zu sorgen, wird der Erfolg nach *seinen* Maßstäben beurteilt werden.

Wenn wir einen Einblick in diese Maßstäbe haben wollen, können wir die Heilige Schrift und das Beispiel derer nutzen, die in ihrem Leben heldenhafte Nächstenliebe bewiesen haben.

Abraham Lincoln sprach von „den besseren Engeln unserer Natur". Lincoln war in der Tat ein gutes Beispiel für das, was der Bischof lehrte, denn er erkannte, dass er zwar alles tun konnte, das Endergebnis aber nicht von ihm abhing. Es war Gottes Aufgabe, das gute Werk zu vollenden, das er sich im Leben vorgenommen hatte. Es war Gottes Aufgabe, den Zug zum Bahnhof zu bringen.

Und es war Lincolns Aufgabe, beim Verlegen der Gleise zu helfen.

7

Eine Fibel über das geistliche Leben, Teil 1

Die moderne Gesellschaft hat einen weiten Weg zurückgelegt, sodass wir heute offen und ohne Scham über psychische Probleme sprechen können. Glücklicherweise löst sich das Stigma, das mit psychischer Gesundheit einst verbunden war, immer mehr auf, und wir sind in der Lage, sie mit demselben Respekt, derselben Rücksichtnahme und demselben professionellen Interesse zu behandeln wie unsere körperliche Gesundheit. Vielleicht werden wir eines Tages in der Lage sein, uns auf diese Weise über unsere spirituelle Gesundheit zu äußern.

„Spirituelle Gesundheit? ... Oh, sicher. Das können wir doch mit der geistigen Gesundheit in einen Topf werfen."

Nun ... Ja und Nein. Das spirituelle Leben umfasst mehr als das, was im Studium der Psychologie gelehrt wird, und die Wissenschaft der Psychologie umfasst mehr als das, was im spirituellen Leben behandelt wird. Dennoch gibt es ganz sicher Überschneidungen.

Die Wissenschaft vom geistlichen Leben ist mit den psychologischen Wissenschaften verwandt, wird aber in einem religiösen Kontext betrieben. Der Untersuchungsgegenstand ist derselbe: der unkörperliche Teil der menschlichen Natur, das heißt Psyche, Verstand, Herz, Seele und Geist, die alle mit einigen Nuancen voneinander unterschieden werden können. Als Gruppe werden sie jedoch vom körperlichen Teil unserer Natur, dem menschlichen Körper, unterschieden, der der Gegenstand der medizinischen Wissenschaft ist. Das spirituelle Leben lehrt, dass der Seelsorger oder Beichtvater der Arzt der Seele ist. Was wiederum der Vorstellung entspricht, dass Psychotherapeuten und andere Praktiker der psychologischen Wissenschaften Ärzte der Psyche sind.

In der Psychologie gelten Sexualität und Aggression als die beiden Triebe der menschlichen Persönlichkeit. Der heilige Thomas von Aquin erörtert in seiner *Summa Theologiae* die Begierde und den Jähzorn, die teilweise, aber nicht ganz genau mit Sexualität und Aggression als den beiden Trieben des menschlichen Geistes übereinstimmen. Der Ursprung allen menschlichen Handelns – die Liebe – ist tief im menschlichen Herzen verwurzelt.

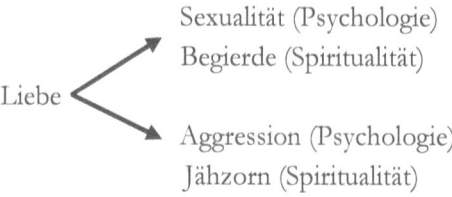

Das Ziel der psychologischen Wissenschaften kann auf verschiedene Weise ausgedrückt werden: Selbstverwirklichung, Selbstaktualisierung, geistiges Wohlergehen und dergleichen. Das Ziel des spirituellen Lebens kann ebenfalls auf verschiedene Weise ausgedrückt werden: Heiligsprechung und Läuterung, persönliche Heiligkeit, vollkommene Nächstenliebe, Vereinigung mit Gott usw. Seelische und spirituelle Gesundheit sind eng miteinander verbunden, obwohl das eine nicht das andere ist. Es ist möglich, dass jemand, der ein hohes Maß an Heiligkeit besitzt, Probleme mit der geistigen Gesundheit hat. Ebenso ist es möglich, dass jemand, der spirituell tot ist (der die heiligmachende Gnade verloren hat), keine nennenswerten Probleme mit der geistigen Gesundheit hat.

Die heiligmachende Gnade geht durch die Todsünde verloren und nur Gott kann sie wiederherstellen. Wie der Begriff schon sagt, bringt die heiligmachende Gnade den Menschen zur Heiligkeit, die definiert wird als: (1) die Teilhabe am göttlichen Leben und (2) die Teilhabe an der göttlichen Natur. Obwohl Gott all seine Handlungen als Vater, Sohn und Geist vollzieht, die gemeinsam wirken, wird das Werk der Heiligsprechung normalerweise dem Heiligen Geist zugeschrieben. Das Innewohnen des Heiligen Geistes muss um jeden Preis bewahrt werden, sogar bis zum physischen Tod. Denn ihn zu verlieren, würde den spirituellen Tod der Seele bedeuten.

> **1. Spiritueller Grundsatz**: Die heiligmachende Gnade ist das wertvollste Geschenk im spirituellen Leben.

Wenn Christus im Evangelium sagt: „Denn getrennt von mir könnt ihr nichts tun" (Johannes 15,5), dann *scheint* dies im Widerspruch zu unserem täglichen Leben zu stehen. Es hat den *Anschein,* dass wir viele Dinge auch ohne Gott tun können – einschließlich sündigen, Kriege anzetteln, die Umwelt zerstören und viele andere Dinge, bei denen er uns niemals helfen würde. Mehr noch, es *scheint,* dass er nicht in der Lage ist, diese Dinge zu verhindern. Es ist, als ob er sich selbst nicht helfen und ohne menschliches Zutun nichts in der Welt tun kann. Nun sind *Schein* und *Anschein* eine Frage der Wahrnehmung, und wie jeder weiß, ist die Wirklichkeit nicht immer das, was sie zu sein *scheint* oder welchen *Anschein* sie erweckt. Theologisch ausgedrückt: Obwohl Gott allmächtig ist, zieht er es vor, sich menschlicher Personen zu bedienen, um seinen Willen und seinen Plan zu verwirklichen. Dies ist ein Rätsel und es gibt auch Wunder, die ohne menschliches Zutun geschehen. Aber der Punkt ist, dass man von Gott nicht erwarten sollte, dass er das tut, was Menschen selbst tun können.

Wenn es aber um die heiligmachende Gnade geht, sind wir es, die sich nicht selbst helfen können. „Denn getrennt von mir könnt ihr nichts tun" (Johannes 15,5) bedeutet, dass der Mensch keine Macht hat, heiligzusprechen oder zu weihen. Wenn es um das spirituelle Leben geht, hat Gott die Oberhand. Und es gibt wirklich nichts, was wir ohne ihn für uns oder andere tun können. Wir könnten unser ganzes Leben lang auf die persönliche Heiligkeit hinarbeiten und würden aus eigener Kraft keinen einzigen Fortschritt in unserem Gebetsleben, in unserem

Wachstum an Tugend, persönlicher Heiligkeit oder Läuterung machen. All das hängt vom Wirken Gottes ab.

> **2. Spiritueller Grundsatz**: Gott allein hat die Macht, zu reinigen, heiligzusprechen und zu weihen.

Das entbindet uns jedoch nicht davon, alle Anstrengungen zu unternehmen, um heilig zu werden. Ohne Disziplin und Opfer gibt es keinen Fortschritt im spirituellen Leben. Gott belohnt keine Faulheit und es gibt keine Art von billiger Gnade. Gnade ist definiert als: (1) Gottes wohltätige Hilfe im Allgemeinen, (2) eine spezifische individuelle Gabe oder Gunst und (3) heiligsprechende Gnade. Sie wird immer unverbindlich gegeben, was bedeutet, dass Gott nicht verpflichtet ist, sie zu gewähren. Darüber hinaus greift Gnade niemals in die menschliche Freiheit ein oder entstellt die menschliche Natur.

> **3. Spiritueller Grundsatz**: Gnade baut auf der Natur auf und vervollkommnet sie.

Das größte Geschenk, das Gott machen kann, ist das Leben selbst: (1) das zeitliche Leben auf der Erde, (2) das ewige Leben im Himmel und (3) die Heiligkeit oder Heiligsprechung, die eine Teilhabe an Gottes Leben und Natur ist. Die christliche spirituelle Tradition geht davon aus, dass die vollkommene Nächstenliebe die Vollkommenheit unseres Lebens auf Erden ist. Die Nächstenliebe ist die Königin aller Tugenden und steht in direktem Zusammenhang mit den beiden größten Geboten: (1) die Liebe zu Gott und (2) die Liebe zum Nächsten mit einer angemessenen Selbstliebe. Das griechische Wort für *Liebe* in der Bibel ist *agape*, und das lateinische Wort ist *caritas*.

4. Spiritueller Grundsatz: Liebende Demut oder auch demütige Liebe ist die stärkste Kraft im Universum.

Narzisstische Selbstliebe unterscheidet sich von einer angemessenen Selbstliebe wie das Laster von der Tugend. Der Fortschritt im spirituellen Leben hängt davon ab, dass man in der Selbsterkenntnis wächst und lernt, eine angemessene Selbstliebe zu praktizieren, denn es gibt eine spirituell gesunde Art, für sich selbst zu sorgen, und eine eigennützige Art, die zu Egoismus führt. Narzisstische Selbstliebe ist eine Umkehrung der Tugend der Nächstenliebe.

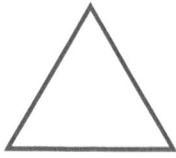

5. Spiritueller Grundsatz: Narzisstische Selbstliebe ist die Wurzel allen Übels.

Diese spirituelle Lehre steht im Einklang mit der Entdeckung der psychologischen Wissenschaften über die dunkle Triade von Psychopathie, Narzissmus und Machiavellismus oder, wenn man so möchte, die dunkle Tetrade, die auch noch den Sadismus umfasst.

8

Ein Held wird erwählt

Die Stelle(n) ist/sind zur sofortigen Einstellung verfügbar. Alle Bewerbungen werden angenommen. Die idealen Bewerber/innen verfügen über die folgenden Eigenschaften oder können diese erfüllen:

- Die Bereitschaft, alles zu tun, was nötig ist
- Beharrlichkeit bis zum Ende
- Vertrauen

Die folgenden Eigenschaften werden nicht zwingend vorausgesetzt. In vielen Fällen kann das Fehlen die Attraktivität des Bewerbenden sogar erhöhen:

- Freunde
- Enge Beziehungen
- Beliebtheit
- Reguläre Arbeit
- Einkommen jeglicher Art
- Hohes gesellschaftliches Ansehen

- Bestnoten für Leistung, Aufstieg oder Talent
- Guter Ruf
- Ein hohes sittliches Leben (Berüchtigtsein ist kein Ausschlusskriterium und kann in einigen Fällen die Attraktivität des Bewerbenden erhöhen, sofern er oder sie für Schulungs- und Korrekturmaßnahmen offen ist)
- Andere Eigenschaften verhandelbar

Einstellungsverfahren und Laufbahnentwicklung wie folgt:

1. **Ein Held wird erwählt.** Der Arbeitgeber erwählt einen oder mehrere Heldenkandidaten.

2. **Wüstenerfahrung.** Der Kandidat oder die Kandidatin absolviert während der Ausbildung eine Wüstenerfahrung.

3. **Mission und Berufung.** Der Anwärter oder die Anwärterin erhält eine Mission und eine Berufung.

4. **Bewährungsprobe.** Der Lehrling wird eingehend geprüft.

5. **Deus ex Machina.** Der Arbeitgeber leistet bei Bedarf Unterstützung.

1. Ein Held wird erwählt

„Sondern das Törichte der Welt hat Gott auserwählt, damit er die Weisen zuschanden macht; und das Schwache der Welt hat Gott auserwählt, damit er das Starke zuschanden macht. Und das Unedle der Welt und das Verachtete hat Gott auserwählt, das, was nicht ist, damit er das, was ist, zunichtemache, dass sich vor Gott kein Fleisch rühmen kann." (1. Korinther 1,27–29)

„Er ist wie ein Trieb vor ihm aufgeschossen und wie ein Wurzelspross aus dürrem Erdreich. Er hatte keine Gestalt und keine Pracht. Und als wir ihn sahen, da hatte er kein Aussehen, dass wir Gefallen an ihm gefunden hätten. Er war verachtet und von den Menschen verlassen, ein Mann der Schmerzen und mit Leiden vertraut, wie einer, vor dem man das Gesicht verbirgt. Er war verachtet, und wir haben ihn nicht geachtet." (Jesaja 53,2–3)

2. Wüstenerfahrung

Nach der Einstellung muss der Lehrling bereit sein, Veränderungen im Leben und einen möglichen Umzug zu akzeptieren. Eine Zeit der Ausbildung ist wichtig, um einen moralischen Charakter zu entwickeln, der ihn oder sie für künftige Aufgaben stärkt. Der Lehrling beginnt ein umfangreiches Programm der Ausbildung, Schulung und Läuterung. Der Lehrling kann aufgefordert werden, unangenehme

Lebens- und Arbeitsbedingungen zu ertragen, die lange Arbeitszeiten, unangenehme Aufgaben und Aufträge, selbstsüchtige, unvernünftige und unreife Gefährten, Fasten und Enthaltsamkeit sowie andere Prüfungen und Drangsale umfassen können, die von seiner Mission und Berufung verlangt werden.

Nach Abschluss der Wüstenerfahrung kann der Lehrling gebeten werden, umzuziehen. Zeit und Ort sind alles. Zumindest fast. Der Lehrling wird darauf hingewiesen, dass der Abschluss der Wüstenerfahrung nicht das Ende des Ausbildungsprogramms bedeutet, da die weitere Ausbildung in der Heiligkeit notwendigerweise für den Rest seines oder ihres irdischen Lebens andauern wird.

3. Auftrag und Berufung

Der Lehrling wird sich auf eine herausfordernde Berufung einlassen und sein Leben kann sich dramatisch verändern. Der Lehrling wird Aufgaben erfüllen, die er mit anderen Jüngern teilt, und vielleicht wird er gebeten, mindestens eine einzigartige Aufgabe während seines Lebens zu erfüllen. Ein Versagen ist schwerwiegend, führt jedoch nicht zwangsläufig zum Verlust des Seelenheils. Erfolg wird großzügig belohnt.

Die Integrität des Lehrlings sollte sich mit der Zeit verbessern. Moralische Verfehlungen sollten abnehmen, bis sie schließlich ausgelöscht sind. Fehler im Urteilsvermögen sollten ebenfalls abnehmen, da vom Lehrling erwartet wird, an intellektuellen Tugenden, insbesondere an Vernunft und Rechtschaffenheit, sowie an moralischen Tugenden zu wachsen. Ein Versagen in intellektuellen Angelegenheiten ist jedoch weniger schwerwiegend als ein Versagen in moralischen Angelegenheiten.

4. Bewährungsprobe

Die Lehrlinge müssen ein Ereignis oder eine Reihe von Ereignissen durchlaufen, die als Bewährungsprobe dienen. Es ist möglich, ganz oder teilweise zu scheitern, aber ehemalige Auszubildende bestätigen einstimmig, dass die Erfahrung das Opfer wert war.

5. Deus ex Machina

Der Lehrling wird darauf hingewiesen, dass der Erfolg einer Unternehmung nicht allein von ihm abhängt. Es ist nicht seine oder ihre Aufgabe, den Zug zum Bahnhof zu bringen. Der Lehrling wird daran erinnert, dass göttlicher Beistand stets verfügbar ist und er oder sie nie allein ist. Der Lehrling wird darauf hingewiesen, dass sich die göttliche Vorsehung in den schwierigsten Momenten des Lebens am ehesten ergießt, insbesondere bei der Bewährungsprobe, dem Heldenereignis und dem Heldenmoment.

EIN HELD WIRD ERWÄHLT

Glauben Sie an Wunder?

Wollen Sie ein heiliger Held werden?

    Und wenn es hart auf hart kommt
        Und die Chancen schlecht stehen
    Wenn das Risiko hoch ist
        Das Ende nah ist
    Wenn alles auf dem Spiel steht
        Und Sie ein Außenseiter sin
            Aus und vorbei
                Allein auf der Welt
            Ohne große Hoffnung
                Nur eine Außenseiterchance auf den Sieg
    Sie können nur oder untergehen
        Und alles, was Sie auf Ihrer Seite haben, Gott ist
    Dann wissen Sie, dass Sie wirklich gesegnet sind
        Sie sind das glücklichste Wesen im Universum
    Weil Sie genau dort sind, wo Gott Sie haben will
        Sie sind in Gottes Händen

Zweifeln Sie nie an einem gläubigen Menschen
    Deus ex Machina

9

Eine Fibel über das geistliche Leben, Teil 2

Jede Natur hat eine Vollkommenheit, und die Vollkommenheit der menschlichen Natur besteht darin, wie Gott zu sein. Da wir nach seinem Bild und Gleichnis geschaffen sind und er das höchste Gut ist, besteht unser Ziel darin, so vollkommen wie möglich an seinem Leben und seiner Natur teilzuhaben.

Engel sind rein geistige Wesen, das heißt, sie besitzen kein körperliches Element. Der Mensch hingegen hat eine Doppelnatur aus Körper und Seele. Im Hinblick auf das geistige Leben ist eines der wichtigsten Dinge, die man über den Körper wissen muss, dass die fünf Sinne als Fenster oder Kanäle fungieren, durch die die Seele Kenntnis von der Außenwelt erhält. Ohne die physischen Sinne wäre die Seele im Körper eingesperrt wie eine Gefangene in einer Zelle ohne Fenster und Türen. Eine ausgezeichnete Diskussion über die fünf Sinne und ihre Bedeutung für das spirituelle Leben findet sich in den Werken des Heiligen Johannes vom Kreuz.

Die Seele ist das geistige Prinzip des Körpers und sein Lebensprinzip. Das Wort *Prinzip* hat dabei zwei Bedeutungen: (1) eine grundlegende Wahrheit und (2) einen Ursprung der Aktivität. Wenn man sagt, dass die Seele das geistige Prinzip des Körpers und sein Lebensprinzip ist, bedeutet das, dass die Seele der Ursprung des Lebens und des Geistes des Körpers ist. Ohne Seele ist ein Körper ein Leichnam.

Die Seele hat drei Fähigkeiten: den Willen, den Intellekt und das Gedächtnis, wobei Letzteres manchmal dem Intellekt zugerechnet wird. Genauso wie der Körper fünf physische Sinne hat, gibt es in der Seele fünf geistige Sinne:

1. *Das Ohr ist das Organ des Gehorsams.* Wenn die Schrift sagt: „Höre, mein Volk, ich will dich warnen. Israel, wenn du mir doch gehorchtest!" (Psalm 81,9), dann bedeutet *zuhören, dass man gehorcht*.

2. *Die Augen sind das Organ des Verstehens.* Wenn es in der Schrift heißt: „Weil sie sehend nicht sehen und hörend nicht hören noch verstehen" (Matthäus 13,13), bedeutet das, dass diese Menschen das geistige Vermögen haben, zu verstehen, aber durch Sünde oder Eigensinn geblendet sind.

3. *Die Nase ist das Organ der Intuition.* Im allgemeinen Sprachgebrauch sagen wir: „Hier riecht etwas faul". In der Heiligen Schrift gibt es viele Stellen, an denen von Gott gesagt wird, dass er einen wohlriechenden Duft riecht, der normalerweise mit Gebet, Opfer oder Heiligkeit in Verbindung gebracht wird (z. B. 1.Mose 8,21; 2.Mose 29,18).

Doch es ist der menschliche Autor, der errät, ob Gott zufrieden ist oder nicht.

4. *Der Mund ist das Organ der direkten Erfahrung mit Gott und den Dingen Gottes.* Das wird deutlich, wenn die Schrift sagt: „Schmeckt und seht, dass der Herr gütig ist." (Psalm 34,9).

5. *Der Tastsinn bezieht sich auch auf eine direkte Erfahrung mit Gott oder den Dingen Gottes.* Das Hohelied der Liebe ist voll von dieser Art von Sprache und wir finden sie auch, wenn von Gott gesagt wird, dass er einen Menschen liebkost, hält oder trägt.

Das Wesen der Heiligkeit besteht nach der Heiligen Faustina darin, den Willen Gottes zu tun. Diese Tatsache kann nicht überbetont werden. Gott zu lieben heißt, ihm zu gehorchen. Und ihm bereitwillig zu gehorchen heißt, ihn zu lieben, auch wenn man nicht das Gefühl hat, dass man ihn liebt. Christus ist immer dem Willen seines Vaters gefolgt und Christsein oder Christus ähnlich zu sein bedeutet, ihn in seinem Gehorsam gegenüber Gott nachzuahmen. Gehorsam gegenüber dem Willen Gottes ist der Schlüssel zum spirituellen Leben.

> **6. Spiritueller Grundsatz**: Das Wesen der Heiligkeit besteht darin, den Willen Gottes zu tun.

Das Böse wird in der griechischen Philosophie definiert als die Entbehrung des Guten, das vorhanden sein sollte, aber nicht vorhanden ist. Es ist wie ein Hohlraum in einem Zahn. Und das Böse im spirituellen Leben hat die gleiche Wirkung. Wenn die

Seele nicht mit etwas geistig Wohltuendem gefüllt ist, wird sie mit Laster infiziert und stirbt schließlich. Das Böse im spirituellen Leben ist die Entbehrung der heiligmachenden Gnade oder Tugend, die vorhanden sein sollte, es aber nicht ist. Das Beruhigende am Vorhandensein des Bösen in der Welt und in unserer Seele ist, dass Gott niemals zulassen würde, dass das Böse geschieht, wenn er nicht die Absicht hätte, daraus etwas Gutes zu ziehen (*Katechismus der Katholischen Kirche*, Nr. 324). Gott hat stets eine sinnvolle Antwort auf das Geheimnis der Ungerechtigkeit.

Das moralisch Böse existiert in der Welt, weil der Mensch einen freien Willen hat und Gott ihn uns nicht wegnimmt. Der freie Wille gibt uns die Möglichkeit, mit Gott zu arbeiten oder seinen Plan für unser Leben zu vereiteln. Hätten wir Menschen keinen freien Willen, wären wir nicht besser als Roboter oder Sklaven. Und das ist nicht im Sinne Gottes. Er wünscht sich willige Teilnehmer an seinem Schöpfungs- und Erlösungsplan, keine Gefangenen oder Geiseln. Die Gnade baut zwar auf der Natur auf und vervollkommnet sie, aber sie löscht sie niemals aus. Gott wird niemals wegnehmen oder zerstören, was er erschaffen hat, einschließlich unseres freien Willens, was genau das ist, was die spirituellen Mächte der Finsternis zu tun versuchen.

> **7. Spiritueller Grundsatz**: Das tiefste und grundlegendste Prinzip der Geschichte ist der ständige Gegensatz zwischen Gut und Böse.

Die Literatur der christlichen Tradition lehrt ausführlich über den ständigen Kampf zwischen Gut und Böse, der seit jeher in der Welt herrscht. Diese selbstverständliche Wahrheit manifestiert sich im Leben eines jeden Menschen in Form eines geistigen Kampfes, dem niemand entkommen kann. Das Studium der Geschichte und der aktuellen Ereignisse zeigt, wie viele Kriege und Sünden aller Art es unter den Menschen aller Epochen gegeben hat. Das alles geschieht, weil in jedem von uns ein Kampf zwischen Gut und Böse stattfindet. Jeder, der sich dem spirituellen Leben widmet, weiß, dass der spirituelle Kampf allgegenwärtig ist. Diese Phänomene sind miteinander verbunden. Der Anstoß für unser äußeres Handeln kommt aus unserem Inneren.

Die Feinde der Seele sind der Teufel, das Fleisch und die Welt. Der Teufel und andere gefallene Engel sind real und es ist gefährlich, etwas anderes zu glauben. Die Menschheit ist bereit, Millionen für die Erforschung des Weltraums auszugeben, angeblich um herauszufinden, ob es andere Lebensformen im Universum gibt. Wie können wir einerseits mit so großem Aufwand und Kosten die Möglichkeit außerirdischen Lebens erforschen, uns andererseits aber weigern, an die Existenz geistiger Wesen hier auf der Erde zu glauben? Sind wir so vollkommen materialistisch geworden? Wenn Sie schon nichts anderes aus diesem Buch lernen, so bitte ich Sie wenigstens zu akzeptieren, dass gefallene Engel existieren und sie unsere Feinde sind. Was wir nicht wissen, kann uns in der Tat schaden.

    8. Spiritueller Grundsatz: Die Feinde der Seele sind der Teufel, das Fleisch und die Welt.

Der Teufel wird in der Heiligen Schrift als Lügner und Mörder dargestellt. All seine Taten entspringen seiner Bosheit, die alles übersteigt, was wir im zwischenmenschlichen Bereich erfahren können. Sein Hass und sein böser Wille sind von einer ganz anderen Art, und sie sind so furchterregend, dass sie uns lähmen. Das liegt daran, dass der Teufel viel mächtiger ist als jeder Mensch. Und es ist nur logisch, dass seine Macht zu hassen und seine Gewaltbereitschaft viel größer sind, als der Mensch es je erahnen könnte.

Die Heilige Schrift lehrt uns, dass der Teufel täuscht und tötet. Als Mörder versucht er, die heiligmachende Gnade in der Seele zu zerstören und so einen Hohlraum zu schaffen – einen Mangel an Gutem, das da sein sollte, aber nicht da ist –, der schließlich die Seele verderben wird. Als Lügner versuchen er und seine Gefolgsleute, die Wirklichkeit zu verunstalten – und zwar stetig, in kleinen Schritten und im Laufe der Zeit. Das Werk der Zerstörung kann das Werk eines ganzen Lebens sein. Die geistigen Mächte der Finsternis wirken durch Fehlinformationen, Fehldarstellungen, Fehlinterpretationen und andere Raffinessen ebenso wie durch sichtbare Gewalttaten. Der Teufel hasst das Licht und es gibt Zeiten, in denen die bloße Meinung der Feind von Gott und der Wahrheit ist. Die allgemeinen Ratschläge „Glaube nichts, was du hörst, und nur die Hälfte von dem, was du siehst" und „Glaube nicht alles, was du denkst" sind deshalb eine Überlegung wert.

Der Teufel und andere böse Geister haben Zugang zur Vorstellungskraft und zu den Gefühlen, wenn sie uns in Versuchung bringen. Doch sie können den Willen nur anregen, ihn aber weder kontrollieren noch bestimmen. Der Wille befindet sich immer in einem Zustand relativer Freiheit – je nachdem, wie tief die Gewohnheit der Tugend oder des Lasters in der Seele verwurzelt ist. Je tugendhafter eine Seele ist, desto größer ist die Freiheit des Menschen, das heißt die Macht, das Gute zu wählen. Je lasterhafter eine Seele ist, desto mehr ist der Mensch der Macht der Sünde und dem Einfluss des Teufels unterworfen. In Fällen von Besessenheit, in denen der Teufel größere Macht über die Seele hat, bleibt der Wille einigermaßen frei, auch wenn diese Freiheit minimiert und die Seele schwach ist. Gott wird nicht zulassen, dass der Teufel den freien Willen eines Menschen tatsächlich kontrolliert. Und Filme sind keine guten Informationsquellen zu diesem Thema.

Der zweite Feind der Seele ist das Fleisch, das definiert wird als: (1) alles, was der Gnade entgegensteht, und (2) die Haut und das weiche Gewebe des menschlichen Körpers im Unterschied zu den Knochen. Wenn der heilige Paulus sagt: „Denn das Fleisch begehrt gegen den Geist auf, der Geist aber gegen das Fleisch; denn diese sind einander entgegengesetzt, damit ihr nicht das tut, was ihr wollt" (Galater 5,17), dann meint er damit, dass das Fleisch alles in uns ist, was der Gnade entgegensteht. Wenn er über einen „Dorn im Fleisch" schreibt (2. Korinther 12,7), meint er wahrscheinlich eine Art körperliches Leiden. Vielleicht, weil er so viel körperliche Not ertragen musste oder vielleicht eine angeborene Krankheit oder Verletzung. Wir wissen es einfach nicht.

Der dritte Feind der Seele, die Welt, wird in der christlichen Tradition in zwei Bedeutungen verstanden, einer neutralen und einer abwertenden. Die Welt in einem neutralen Sinn umfasst Menschen, Orte, Dinge, Ideen, Ereignisse und Begebenheiten. In diesem Sinne heißt es in der Schrift: „Denn so hat Gott die Welt geliebt, dass er seinen einzigen Sohn gab, damit jeder, der an ihn glaubt, nicht verloren geht, sondern ewiges Leben hat" (Johannes 3,16). Im abwertenden Sinn ist die Welt alles, was dem Reich Gottes in den menschlichen Gesellschaften aller Zeiten entgegensteht.

Mit der Welt verbunden sind weltliche Güter, die für ihre eigenen Zwecke erworben werden und den Stolz und die Sinnlichkeit des Besitzers entfachen. Dazu gehören Reichtum, Ehre, Vergnügungen, Macht, Status und Ruhm. Im Gegensatz zu diesen zeitlichen, weltlichen Gütern stehen die geistigen Güter und ihre wohltuenden Wirkungen, die bis in die Ewigkeit reichen sollen. Dazu gehören Gnaden, Tugenden, Verdienste, Ruhm, Ehre und Entbehrungen. Die spirituellen Güter sind jedoch nicht mit dem Ziel des spirituellen Lebens zu verwechseln und sie sind auch nicht wichtiger als die heiligmachende Gnade. Das Ziel ist immer die persönliche Heiligkeit, die Heiligsprechung und Läuterung, die vollkommene Nächstenliebe, die spirituelle Vollkommenheit oder die vollkommene Vereinigung mit dem Willen Gottes. Die spirituellen Güter sollen uns auf dem Weg zu unserem Endziel helfen und uns dafür belohnen, dass wir Gott dienen.

Gehorsam gegenüber Gottes Willen und echte Folge bringen Sinn, Wert, Ziel, Erfüllung, Belohnung und Zufriedenheit im Leben. Diese sollten als spiritueller Nutzen zusätzlich zu den spirituellen Gütern betrachtet werden.

10

Achtsamkeit und die Praxis der Gottesgegenwart

Die Praxis der Achtsamkeit ist heute ein beliebtes Mittel der psychotherapeutischen Behandlung und eine Form der Meditation für Menschen, die ihr Leben verbessern wollen. Achtsamkeit ist religiös neutral in dem Sinne, dass sie nicht ausdrücklich religiöse Grundsätze lehrt oder befürwortet. Aber sie ist sicherlich mit Religion und spiritueller Disziplin vereinbar. Sie ist wahrscheinlich schon seit Jahrhunderten bei Mönchen und Yogis jeder Art bekannt und geht möglicherweise auf die Ursprünge unserer Spezies zurück, als der Mensch erstmals die Fähigkeit zur Selbstwahrnehmung entwickelte.

Nicolas Herman wurde 1614 in Frankreich geboren. Sein frühes Leben war von Armut und Gewalt geprägt, was für das mittelalterliche und frühneuzeitliche Europa nicht ungewöhnlich war. Er wuchs während des Dreißigjährigen Krieges (1618–1648) zum Mann heran, einem komplizierten und äußerst zerstörerischen Konflikt, der hauptsächlich in Mitteleuropa ausgetragen wurde. Die Umstände zwangen Herman, sich seinen

Lebensunterhalt als Soldat zu verdienen. Nachdem er verwundet und beinahe getötet worden wäre, erlebte er ein religiöses Erwachen, das ihn schließlich 1640 dazu brachte, in das Karmeliter-Kloster der Discalcés in Paris einzutreten. Da er keine Ausbildung hatte, wurde er Laienbruder und nahm den Namen Bruder Lorenz von der Auferstehung an. Sein Leben war geprägt von schwerer Arbeit, einfachem Gebet und dem Dienst an seiner Ordensgemeinschaft. Er ist uns heute als Autor des christlichen Klassikers *Die Praxis der Gegenwart Gottes* bekannt, einem Werk, das aus seinen Briefen und Gesprächen zusammengestellt wurde. Er starb im Jahr 1691.

Der Titel dieses Buches fasst bereits die Hauptidee zusammen. Die spirituelle Disziplin von Bruder Lorenz ist eine meditative Technik, die man als religiös praktizierte Achtsamkeit zusammenfassen könnte und die die Gewohnheit betont, den Geist bewusst auf Gott zu richten, um sich seiner Gegenwart ständig bewusst zu sein. Sobald er merkte, dass seine Gedanken abschweiften, lenkte er seine Aufmerksamkeit wieder auf Gottes Gegenwart. Wie die Achtsamkeit ist auch diese Praxis so einfach wie tiefgreifend und lebensverändernd. Wie die Achtsamkeit ist auch sie einfach und gleichzeitig schwer zu praktizieren.

Vor vielen Jahren hörte ich im Radio ein Interview mit einem buddhistischen Mönch, der sagte, seine wichtigste spirituelle Disziplin sei die ständige Übung der Geduld. Dies ist hier erwähnenswert, weil es mit Achtsamkeit und der Praxis der Gegenwart Gottes vereinbar ist. Buddha hat nicht behauptet, ein

Gott zu sein. Aber er hat sich dazu bekannt, wach zu sein. Achtsamkeit betont die Wachsamkeit und Bruder Lorenz versuchte, stets wach für die Gegenwart Gottes zu sein. Es scheint offensichtlich, dass Achtsamkeit, das Üben der Gegenwart Gottes und das Üben ständiger Geduld Gemeinsamkeiten haben, nämlich Wachsamkeit, Bewusstsein des gegenwärtigen Augenblicks, Geduld, Selbstbeherrschung und geistige Entspannung.

Achtsamkeit kann sowohl eine Behandlung als auch eine Lebensweise sein. In der psychotherapeutischen Behandlung wird die Praxis der Achtsamkeit zur Verbesserung der geistigen und körperlichen Gesundheit eingesetzt. Für Patienten besteht das Ziel der Achtsamkeit in der Linderung von Beschwerden wie Angstzuständen, Depressionen, posttraumatischen Störungen, chronischen körperlichen Schmerzen und Drogenabhängigkeit. Aber das universelle Ziel der Achtsamkeit besteht darin, stärker im gegenwärtigen Moment zu leben, uns selbst und unsere Umgebung bewusster wahrzunehmen und eine höhere Bewusstseinsebene zu erreichen. Praktiker der Achtsamkeit befürworten dies ebenfalls:

- Eine gesunde Neugier und Offenheit für die Welt um uns herum

- Sich psychischer Empfindungen und körperlicher Beschwerden bewusst zu werden und diese mit einer nicht wertenden Haltung zu betrachten

- Die Beobachtung von Gedanken und die Abgrenzung dieser Gedanken vom wahren Selbst

~

All dies bedeutet, dass Sie – wenn es Ihr Traum ist, ein Jedi-Mönch zu werden – Achtsamkeit, die Gegenwart Gottes und vor allem Geduld üben müssen.

Jedi-Ritter und Jedi-Mönche haben viele Gemeinsamkeiten:

- Jedi-Ritter dienen und werden von der Macht geleitet, die eine helle und eine dunkle Seite hat. Jedi-Mönche dienen Gott, der nur Licht ist, und werden von ihm geleitet.

- Die Selbstdisziplin und das Training der Jedi-Ritter sind vergleichbar mit der geistigen und körperlichen Disziplin der Jedi-Mönche. Nur, dass Jedi-Mönche niemanden töten – nicht einmal Androiden.

- In ihrem Bemühen, mit der Macht in Kontakt zu kommen, üben Jedi-Ritter eine Form der Achtsamkeit und Meditation aus, die dem Gebet und dem Hören mit dem Ohr des Herzens ähnelt. Jedi-Mönche versuchen, durch meditatives Gebet und Einkehr mit Gott in Verbindung zu treten. Sie haben eine reiche Tradition, auf die sie zurückgreifen können.

- Jedi-Ritter werden in christlichen Tugenden wie Geduld, Mitgefühl, Demut, Bescheidenheit, Besonnenheit,

Selbstlosigkeit, Nächstenliebe, Mäßigung, Keuschheit und Mut unterrichtet, um nur einige zu nennen. Ein wahrer Jedi-Mönch verkörpert all diese Tugenden und praktiziert wie die Jedi-Ritter das, was der Taoismus „müheloses Tun" nennt.

- Ein wahrer Jedi-Mönch ist dem wahren Jedi-Ritter in Tugend, Selbstdisziplin und jeder anderen Hinsicht ebenbürtig, außer dass Jedi-Mönche keine Lichtschwerter führen.

Und vor allem übt sich jeder in Geduld, im Vertrauen auf den langsamen Prozess der Heiligung oder der Eins-Werdung mit der Kraft und im Vertrauen auf das Werk der Zeit.

Möge der Heilige Geist mit dir sein!

11

Beharrlichkeit und Eigenwille

Es besteht ein himmelweiter Unterschied zwischen dem Glauben und der Beharrlichkeit, die im guten Willen verwurzelt sind, einerseits und dem Starrsinn und der Hartnäckigkeit, die im Eigenwillen verwurzelt sind, andererseits. Der Unterschied kann manchmal extrem sein, manchmal aber auch subtil. Es gibt Momente, in denen guter Wille und Eigenwille nur von kurzer Dauer sind. Und dann gibt es Fälle, in denen sich eine Haltung ein Leben lang durchsetzt. In jedem Fall können die Folgen von Entscheidungen, die mit der einen oder anderen Einstellung getroffen werden, tiefgreifend sein.

In dieser Betrachtung möchte ich zwei historische Beispiele für berühmte und einflussreiche Männer anführen – den heiligen Paulus und Mohandas Gandhi –, deren Leben zeigt, dass Entscheidungen, die mit einer Haltung des guten Willens oder des Eigenwillens getroffen werden, weitreichende Folgen haben können, die sogar das Leben von Millionen von Menschen und die Geschichte selbst beeinflussen. Aus der Perspektive des spirituellen Lebens können wir ihre Meinungen, Entscheidungen und die daraus resultierenden Ergebnisse studieren, um zu erkennen, wie eng der Zusammenhang zwischen Eigenwille und dem Leben im Fleisch einerseits und dem guten Willen und dem Leben im Geist andererseits ist (Römer 8,5).

1940 sagte Gandhi: „Das Wort *Niederlage* gehört nicht zu meinem Wortschatz." Eine kleine Untersuchung seines Lebens anhand seriöser Quellen zeigt jedoch, dass er viele große und kleine Niederlagen erlebt hat. Der Geschmack von Niederlage und Enttäuschung muss ihm auch 1912 im Mund gelegen haben, als er sagte: „Wie verachtenswert meine Landsleute doch sind." Seine Erfahrung von Kampf und Misserfolg sowie die Zwietracht zwischen den indischen Politikern seiner Zeit müssen ihn 1929 zu dem Ausspruch veranlasst haben: „Lasst uns zu Gott beten, dass er uns von dem Fluch der Zwietracht befreit."

Seine schlimmsten Niederlagen standen ihm jedoch noch bevor. Während der Teilung Indiens, die er ablehnte, und der Gründung der neuen Nation Pakistan wanderten Hindus und Muslime in das als Pakistan bezeichnete Gebiet ein, was zu umfassender ethnischer und religiöser Gewalt führte. Gandhi setzte sich für die Eindämmung der Gewalt ein, doch trotz seiner Bemühungen verloren viele Angehörige beider Religionen ihr Zuhause und ihre Lebensgrundlage, einige sogar ihr Leben.

Wenn Gandhi schon viel über Niederlagen wusste, so wusste er auch etwas über persönliches Versagen. Im Jahr 1940 sagte er: „Gibt es einen Mann, der nicht stümpert?" Die Bewegung Indiens in Richtung der Unabhängigkeit von Großbritannien war schwierig zu steuern und Gandhi hatte nicht wie wir den Vorteil, den Ausgang der Geschichte zu kennen. Aber viele Historiker sind heute der Meinung, dass seine unrealistischen Ziele, etwa der Wunsch, Indien in ein vorindustrielles Zeitalter zurückzuversetzen, und sein Beharren darauf, die Mehrheit der indischen Bürger solle ein einfaches Leben in Handarbeit führen – so wohlmeinend es auch gewesen sein mag –, zum Leid und den Unruhen der Zeit beitrugen. Gandhi hielt unerschütterlich an seiner idealistischen, aber unpraktischen Politik fest und war während der politischen Debatten vor der Teilung nicht zu Kompromissen bereit. Hätte er ein paar Zugeständnisse gemacht, hätten die Teilung und die darauffolgende Gewalt und der Verlust von Leben und Eigentum vielleicht verhindert werden können. In einer BBC-Dokumentation über Gandhi sagte ein Inder, was vielleicht viele Inder denken: „Gandhis Ideen funktionieren nicht."

Doch auch wenn Gandhis Leben von Unnachgiebigkeit geprägt war, so ist es doch auch ein Vermächtnis geduldiger Ausdauer und engagierten Handelns im Angesicht der Ungerechtigkeit, für das er für immer in Erinnerung bleiben wird. Seine Satyagraha-Praxis – passiver Widerstand und Hingabe an die Wahrheit – forderte die Herrschaft der britischen Zivilbehörden heraus und half, den Weg für die Unabhängigkeit Indiens zu ebnen. Es ist eine Ironie der Geschichte, dass Gandhi bei der Entwicklung seines Verständnisses von Satyagraha vom amerikanischen Transzendentalisten Henry David Thoreau beeinflusst wurde. Thoreau schrieb *Ziviler Ungehorsam*, ein kurzes Essay, das erstmals 1849 veröffentlicht wurde – zwanzig Jahre vor Gandhis Geburt. Wäre er noch am Leben gewesen, hätte Thoreau die gewaltlosen Demonstrationen Gandhis bestimmt mit großer Genugtuung betrachtet.

Mit der Aussage, er würde das Wort *Niederlage* in seinem Wortschatz nicht zulassen, zeigt Gandhi seine Bereitschaft, trotz Rückschlägen und Schwierigkeiten durchzuhalten. Diese Eigenschaft teilte er mit seinem Zeitgenossen und politischen Gegner, dem unbeugsamen Winston Churchill – selbst ein Vorbild an Beharrlichkeit und Unnachgiebigkeit –, der die folgenden Worte 1941 sprach:

> Dies ist die Lektion: Niemals nachgeben, niemals nachgeben ... Niemals nachgeben, es sei denn, es handelt sich um Überzeugungen der Ehre und des gesunden Menschenverstands ... Wir müssen nur beharrlich sein, um zu siegen.

~

In den Schriften des Neuen Testaments finden wir Belege für den sturen Eigensinn eines orthodoxen Juden namens Saulus, der schließlich der geduldigen Ausdauer eines Christen namens Paulus und seiner Bereitschaft, um Christi willen Entbehrungen zu ertragen, wich. Nach eigenem Bekunden verfolgte Saulus vor seiner Bekehrung auf dem Weg nach Damaskus die im Entstehen begriffene christliche Kirche mit aller Kraft. Nachdem er der

Ermordung des Stephanus zugestimmt hatte, ging er zum Hohen Priester in Jerusalem und „erbat sich von ihm Briefe nach Damaskus an die Synagogen, damit, wenn er einige, die des Weges waren, fand, Männer wie auch Frauen, er sie gebunden nach Jerusalem führte" (Apostelgeschichte 9,2). Auf dieser Reise erlebte Paulus seine berühmte Bekehrung.

Der drastische Wandel vom verfolgenden Pharisäer zum christlichen Missionar führte Paulus in Konflikte, Kontroversen und schließlich einen gewaltsamen Tod. Seine ersten Schlachten schlug er in Damaskus, um die Akzeptanz und das Vertrauen der jüdischen Mitchristen zu gewinnen.

> Alle aber, die es hörten, gerieten außer sich und sagten: Ist dieser nicht der, welcher in Jerusalem die zugrunde richtete, die diesen Namen anrufen, und dazu hierher gekommen war, dass er sie gebunden zu den Hohen Priestern führte? (Apostelgeschichte 9,21)

Das öffentliche Bekenntnis von Paulus zu Jesus als Messias entfremdete ihn nur von seinen früheren Freunden und Bekannten. Die *Juden* – diejenigen, die Jesus nicht als Messias akzeptierten und dem traditionellen mosaischen Gesetz treu blieben – lehnten seine Bekehrung heftig ab, die sie natürlich als Verrat am orthodoxen Judentum ansahen. Sein scheinbarer Glaubensabfall brachte ihm so viel Kritik ein, dass „als aber viele Tage verflossen waren, ratschlagten die Juden miteinander, ihn umzubringen. Es wurde aber dem Saulus ihr Anschlag bekannt. Und sie bewachten auch die Tore sowohl bei Tag als auch bei Nacht, damit sie ihn umbringen konnten" (Apostelgeschichte 9,23–24). Mit der Hilfe anderer Judenchristen gelang es Paulus, über die Mauern von Damaskus zu entkommen und nach Jerusalem zurückzukehren.

Die Feinde, die sich Paulus innerhalb des orthodoxen Judentums machte – nicht nur in Damaskus, sondern in der gesamten Diaspora –, sollten ihm sein Leben lang bleiben. In Jerusalem hatte er ebenfalls Schwierigkeiten, das Vertrauen seiner jüdischen Mitchristen zu gewinnen, und sah sich erneut der Feindseligkeit traditioneller Juden ausgesetzt, die seine Konversion nicht akzeptieren wollten. Eine neue Reihe von Kontroversen entstand durch eine Fraktion innerhalb der frühen christlichen Kirche, die sogenannten Judaisierer, die auf der Beschneidung erwachsener männlicher Konvertiten und der strikten Befolgung des mosaischen Gesetzes bestanden.

Ich habe diese Überlegungen mit der Feststellung begonnen, dass zwischen dem Glauben und der Beharrlichkeit, die im guten Willen verwurzelt sind, einerseits, und der Hartnäckigkeit, die im Eigenwillen verwurzelt ist, andererseits, ein großer Unterschied besteht. In der Heiligen Schrift finden wir den gleichen Gedanken in Johannes 3,6: „Was aus dem Fleisch geboren ist, ist Fleisch, und was aus dem Geist geboren ist, ist Geist." Das treue Ausharren kommt vom Geist, während der Eigensinn vom Fleisch kommt und alles ist, was der Gnade entgegensteht. Ersteres ist im Wohlwollen verwurzelt, Letzteres eher im bösen Willen. Der Geist war in Paulus wirksam, das Fleisch in Saulus.

Der Mann Saulus war ein Mörder, dessen Herz von religiösem Stolz erfüllt war. In seiner Arroganz rechtfertigte er den Mord an Stephanus und die Misshandlung anderer, deren einziges Vergehen darin bestand, Jesus als Messias anzunehmen. Seine Befolgung der Tora und ihrer Hunderten Vorschriften rechtfertigte seiner Meinung nach die Verletzung eines der zehn großen Gebote des mosaischen Gesetzes: „Du sollst nicht töten" (Exodus 20,13). In seinem blinden Eigensinn und seiner Unnachgiebigkeit war er zu wahrer Nächstenliebe nicht fähig. Er „schnaubte immer noch Drohung und Mord" (Apostelgeschichte 9,1), was in völligem Widerspruch zu den beiden größten Geboten steht.

Der Mensch Paulus hingegen bewies eine tugendhafte Art von Langmut und geduldigem Ausharren, die den eigennützigen Egoismus auslöscht. Paulus zeigte in seinem Dienst für Gott einen Opfergeist, der nur in einer göttlich inspirierten Mission und Berufung wurzeln konnte. Mit seinen eigenen Worten:

> Von Juden habe ich fünfmal vierzig ⟨Schläge⟩ weniger einen bekommen. Dreimal bin ich mit Ruten geschlagen, einmal gesteinigt worden; dreimal habe ich Schiffbruch erlitten; einen Tag und eine Nacht habe ich in Seenot zugebracht; oft auf Reisen, in Gefahren von Flüssen, in Gefahren von Räubern, in Gefahren von ⟨meinem⟩ Volk, in Gefahren von den Nationen, in Gefahren in der Stadt, in Gefahren in der Wüste, in Gefahren auf dem Meer, in Gefahren unter falschen Brüdern; in Mühe und Beschwerde, in Wachen oft, in Hunger und Durst, in Fasten oft, in Kälte und Blöße;

außer dem Übrigen ⟨noch⟩ das, was täglich auf mich eindringt: die Sorge um alle Gemeinden. Wer ist schwach, und ich bin nicht schwach? Wer nimmt Anstoß, und ich brenne nicht? (2. Korinther 11,24–29)

Ein Leben im Geist ist eine Quelle des Lebens und der Gnade, während ein Leben im Fleisch zum Verderben führt. Es kann ein schmaler Grat sein zwischen heiliger Beharrlichkeit und Unnachgiebigkeit, die im Eigenwillen verwurzelt ist, den Paulus anscheinend zu unterscheiden wusste, als er schrieb: „Die Liebe … sucht nicht das Ihre" (1. Korinther 13,5). Der Eigenwille ist immer in einer Weise eigennützig und zeugt von einem Mangel an Demut, während die treue Beharrlichkeit im Geiste altruistisch und auf Gott ausgerichtet ist. Die Bekehrung des Paulus brachte ihm und anderen ein Leben in Gnade. Als er sich dem Ende seiner Mission näherte, konnte er sich freuen: „Ich habe den guten Kampf gekämpft, ich habe den Lauf vollendet, ich habe den Glauben bewahrt" (2. Timotheus 4,7).

12

Christentum im Niedergang

Ein kurzer Blick in die Literatur über den Zustand des Christentums in der westlichen Welt ist nicht ermutigend. Untersuchungen zeigen, dass die Zahl der christlichen Kirchen in Europa und den Vereinigten Staaten rückläufig ist. Ebenso wie die Zahl der Erwachsenen, die sonntags den Gottesdienst besuchen. Untersuchungen, die sich mit der jüngeren Generation befassen, sind sogar noch entmutigender. Die Daten können uns zwar nicht schlüssig sagen, wie die christliche Kirche in Zukunft aussehen wird, aber sie weisen in eine problematische Richtung.

Es scheint, dass das Christentum an einem Scheideweg steht. In einer Welt, in der die Gesellschaften rund um den Globus immer stärker miteinander verbunden sind, scheint das Christentum unter einem Problem der Abkopplung zu leiden, das dazu führt, dass die Kirchenbänke verlassen werden. Während Wissenschaft, Technologie und Gelehrsamkeit die Grenzen des menschlichen Wissens ständig erweitern, hat die christliche Kirche damit zu kämpfen, ihr Wissen in einer sich ständig weiterentwickelnden Welt relevant zu halten. Ein Teil der Herausforderung, der sich das Christentum im 21. Jh. gegenübersieht, besteht darin, dass sich sein Wissen grundlegend von dem unterscheidet, das in der säkularen Gesellschaft geschätzt wird. Darüber hinaus wird die christliche Kultur weitgehend von ihren historischen Wurzeln bestimmt, während die moderne Kultur sich auf eine Zukunft zubewegt, die immer weniger von ihren historischen Wurzeln abhängig ist.

Die Gründungsdokumente des Christentums sind die Heilige Schrift und die Schriften der frühen christlichen Missionare und Theologen. Wann immer die Kirche über ihre heiligen Schriften und ihre Tradition nachdenkt, blickt sie zunächst Tausende Jahre zurück ins alte Israel und die Entstehung der hebräischen Schriften, also dessen, was wir als Altes Testament kennen. Von dort aus schreitet die christliche Geschichte durch das apostolische Zeitalter und die Entstehung des Neuen Testaments, in die Spätantike, das Mittelalter und schließlich in die Neuzeit. Im Laufe dieser langen Geschichte wurden immer wieder kirchliche Dokumente verfasst, und wenn die Lehre erst einmal feststeht, hat sich die kirchliche Autorität von jeher gegen eine Änderung des akzeptierten orthodoxen Inhalts gewehrt. Dies ist notwendig, wenn es um göttliche Offenbarung geht, denn der Heilige Geist offenbart Wahrheiten, die nicht verändert werden können. Wie die anderen großen Weltreligionen ist auch das Christentum in seiner Geschichte begründet und hält sich fest an seine heiligen Dokumente.

Die Dokumente der Welt hingegen, ob sie nun die Wissenschaft, die Regierung oder einen anderen Wissenszweig betreffen, sind Änderungen, dem Widerruf und der Ablage in der Mülltonne der Geschichte unterworfen. Theorien, soziale Systeme, Verfassungen, Abhandlungen und dergleichen kommen und gehen. Neue Dokumente werden erstellt und alte geändert oder abgeschafft. Einst revolutionäre Bücher sind veraltet und verstauben in Bibliotheksregalen. Das Leben geht weiter und die Welt tut es ebenfalls.

Diese Dynamik zwischen dem weitgehend dauerhaften und metaphysischen Wissen des Christentums und dem veränderlichen und hauptsächlich materiellen Wissen der säkularen Welt führt zu einer beunruhigenden Kluft, die eine kulturelle Dissonanz verstärkt. Die Kirche neigt dazu, historisch zu denken, sich auf ihre Tradition zu besinnen, sie zu bewahren und ihr Wissen aus der Vergangenheit zu schöpfen. Sie hat in der Vergangenheit die Tendenz gezeigt, sich dem Wandel zu widersetzen – manchmal auch mit Nachdruck – und hat die Wissensexplosion, die mit der wissenschaftlichen und industriellen Revolution begann, nicht ohne Weiteres akzeptiert. Die Welt hingegen neigt dazu, zukunftsorientiert zu sein. Sie ist auf der Suche nach neuen Entdeckungen und Technologien, die hoffentlich zu einer Verbesserung des irdischen Lebens führen. Zu diesem Zweck nimmt sie den wissenschaftlichen, industriellen, wirtschaftlichen und sozialen Fortschritt an und strebt unermüdlich nach zukünftigen Möglichkeiten.

Das Wissen in der Welt nimmt nicht nur zu, sondern auch die Wachstumsrate steigt und verschärft die immer größer werdende Kluft zwischen religiösem und weltlichem Wissen. Wer weiß, was Quantencomputer, künstliche Intelligenz, Robotik, Drohnen und Weltraumforschung der Welt eines Tages bringen werden? Aber für die Kirche wird es nicht von Vorteil sein. Während säkulares Wissen exponentiell wächst und immer interessanter, attraktiver und lukrativer wird, ist religiöses Wissen im Grunde statisch, da es wenig Raum für Innovationen lässt. Selbst wenn es einen gewissen Spielraum für die Entwicklung der Lehre gibt, so existieren doch viele Lehren, die niemals geändert werden können, ohne das Wesen des Christentums selbst zu verändern.

Das Christentum ist – im Guten wie im Schlechten – fest in seiner Geschichte verwurzelt und wird zuweilen von ihr beherrscht. Während einige Mitglieder der Kirche, insbesondere ihre Autorität, über umfassende Kenntnisse der christlichen Geschichte und Tradition verfügen, liest oder studiert die Mehrheit der Menschen in der Gesellschaft keine Geschichte – geschweige denn Kirchengeschichte – und weiß nur sehr wenig darüber. Die meisten Christen wissen noch weniger über die historischen Wurzeln Israels und die Entwicklung des Alten Testaments. Und sie wissen auch nicht viel über die Geschichte der mediterranen Welt während des 1. Jh. n. Chr., als das Neue Testament geschrieben wurde. Obwohl das Christentum in der Geschichte verwurzelt ist, können die meisten Christen die Bibel nicht in ihren historischen Kontext einordnen.

Diese bedauerliche Diskrepanz in Bezug auf Wissen, Geschichte und Kultur zwischen der Kirche und der Welt besteht auch innerhalb der Kirche selbst. Wenn jemand viel in der populären Kirchengeschichte liest und sich dann Büchern zuwendet, die von professionellen Historikern geschrieben wurden, wird er oder sie eine andere Welt vorfinden. In ähnlicher Weise können diejenigen, die hagiografische Literatur lesen, inspiriert werden und Gott in ihrem spirituellen Leben näherkommen, aber sie wissen vielleicht auch sehr wenig über die Geschichte der westlichen Zivilisation. Genauso wie diejenigen, die die Artus-Legende lesen, sehr wenig von der tatsächlichen mittelalterlichen Welt verstehen.

Wenn die Kirche nicht auf eine frühere Zeit zurückblickt, denkt sie mehr an das ewige Leben als an die zeitliche Welt von morgen. Die Welt hingegen konzentriert sich mehr auf das gegenwärtige Geschehen und das künftige irdische Leben, ja sogar auf das menschliche Leben auf dem Mars, als auf das Altertum und das Leben nach dem Tod. Die säkulare Kultur hat historische Wurzeln, aber sie strebt danach, sich von diesen Wurzeln zu lösen und sich in die scheinbar endlosen Horizonte der Möglichkeiten von morgen zu stürzen.

Wissen, Geschichte und Kultur sind die Schlüsselbereiche, in denen das Christentum und die Welt auseinanderklaffen. Aber was wird sich durchsetzen? Werden die christliche Kultur und Lehre den gegenwärtigen Trend irgendwie umkehren und schließlich über ihren modernen säkularen Rivalen triumphieren?

Oder werden die sich stetig weiterentwickelnden Gesellschaften von heute das Christentum weiterhin an den Rand drängen und vielleicht eines Tages archaisch werden lassen, während die Welt ihren unerbittlichen Marsch des Fortschritts praktisch ungehindert in eine von ihr selbst gestaltete Zukunft fortsetzt? Oder wird es vielleicht einen Mittelweg geben – glücklich oder nicht – bei dem das Christentum als kleinere, aber nicht unbedingt reinere Kirche überlebt?

Dass das Christentum an einem Scheideweg steht, ist jedoch nichts Neues. Es stand in den letzten 2 000 Jahren viele Male an dieser Stelle und hat dabei stets überlebt. Es gibt zwar Grund zum Pessimismus, aber auch Grund zur Hoffnung.

Charles Darwin schrieb einmal: „Es sind nicht die stärksten Arten, die überleben, auch nicht die Intelligentesten. Sondern die, die am schnellsten auf Veränderungen reagieren." Wenn die christliche Kirche im 22. Jh. überleben will, sind Widerstandsfähigkeit und Anpassungsfähigkeit ebenso notwendig wie Stärke und Intelligenz. Das Grundproblem der Kirche in der modernen Welt besteht darin, dass sie in der Regel der Zeit hinterherhinkt und von der Bewegung der gegenwärtigen Ereignisse in eine Zukunft hineingezogen wird, der sie sich zu widersetzen und die sie abzulehnen pflegt. Doch die Zeit drängt, und die Zukunft ist gar nicht so weit entfernt. Wenn das Christentum gedeihen soll, muss es sich dem Wandel anpassen und auf ihn reagieren. Ich spreche mich nicht für eine Änderung der Lehre aus, aber Veränderungen in der Predigt und im Gottesdienst sollten in Betracht gezogen werden.

13

Fünf Vorschläge

Probleme sind keine Niederlagen und Herausforderungen sind keine Misserfolge. Kein Erfolg, ob groß oder klein, wurde erzielt, ohne Probleme zu lösen und Hindernisse zu überwinden. Wir alle tun dies jeden Tag in unserem Leben. Misserfolg tritt nur ein, wenn wir nicht in der Lage sind, unsere Probleme zu lösen, und eine Niederlage nur dann, wenn wir von unseren Herausforderungen überwältigt werden.

Die Probleme, mit denen das Christentum heute konfrontiert ist, sind weder unlösbar, noch sind die Hindernisse unüberwindbar. Was ursprünglich als Schwäche erscheint, kann manchmal in eine Stärke oder zumindest in eine Chance für Wachstum verwandelt werden. Die Herausforderung im 21. Jh. wird darin bestehen, die christliche Botschaft in einer sich wandelnden Welt relevant zu halten, und mit etwas Kreativität, Rechtschaffenheit und Anpassungsbereitschaft kann das Christentum immer noch gedeihen.

Ich biete hier fünf Vorschläge an, die die Predigt und den öffentlichen Gottesdienst verbessern und dazu beitragen werden, den Rückgang der Kirchenbesucher aufzuhalten, wenn nicht sogar umzukehren:

1. *Der öffentliche Gottesdienst sollte eine Zeit des Gebets und nicht der Aufführung sein.*

Die Welt bietet viele Veranstaltungen, Shows und andere Formen der Unterhaltung, mit denen die Kirche nicht konkurrieren kann und sollte. Aber die Kirche ermöglicht öffentliches und privates Gebet und eine Erfahrung mit Gott, die zur Erlösung führt. Das ist etwas, was die Welt im Allgemeinen nicht bietet.

Festliche und triumphale kirchliche Feiern, die manchmal laut werden, sind jedoch nicht voller Gebete. Und sie können auch nicht mit den Feiern und Festlichkeiten der Welt mithalten. Der Pfarrer sollte nicht die Rolle eines Interpreten spielen, sondern der Leiter des gemeinsamen Gebets sein, und die Musik sollte voller Gebete und nicht leistungsorientiert sein. Gott sollte beim öffentlichen Gebet, genauso wie beim privaten, immer im Mittelpunkt stehen und man sollte der Versuchung widerstehen, ihn als Mittelpunkt der Aufmerksamkeit in den Schatten zu stellen. Die christliche Kirche kann viel von der klösterlichen Art des gemeinschaftlichen Gebets lernen.

2. *Der Schlüssel zur erfolgreichen Evangelisierung ist eine bessere Verkündigung.*

Wenn Menschen in die Kirche kommen, suchen sie eine direkte Erfahrung mit Gott. Eine numinose Erfahrung und etwas Jenseitiges, das die Ausübung der organisierten Religion sinnvoll macht. Eine Predigt, die eine warme, emotionale Reaktion hervorrufen soll, aber keine intellektuelle Anregung bietet, wirkt oft uninspiriert und sogar fade. Konstruktives Predigen ist mehr als ein weiterer fader Vortrag über einen Grundgedanken des christlichen Lebens. Die Menschen wollen Kreativität, Originalität und neue intellektuelle Inhalte. Ebenso kann das Predigen von theologischem Jargon und das Jonglieren mit biblischen Metaphern, Symbolen und Bildern niemals das Wissen ersetzen, das durch das Studium einer zuverlässigen historischen und biblischen Wissenschaft erworben wurde. Eine Kirche der Zeichen und Symbole kann nicht erwarten, ihre Mitglieder in der modernen Welt der konkreten Ideen zu halten. Wir müssen eine Kirche des authentischen Lernens sein, das die Menschen von heute als belebend empfinden.

Der Schlüssel zu einer besseren Predigt ist die Einbeziehung von Quellen außerhalb der Theologie, des Schriftstudiums und der christlichen Spiritualität. Derselbe Stil und dieselben Formulierungen – so wahr und erbaulich sie auch sein mögen –, werden zu denselben Ergebnissen führen. Albert Einstein wird allgemein der Ausspruch zugeschrieben, dass Wahnsinn darin besteht, immer wieder dasselbe zu tun und ein anderes Ergebnis zu erwarten. Wenn wir auf eine neue Evangelisierung hoffen, dann müssen wir etwas Neues ausprobieren. Vielleicht hatte Papst Franziskus dieses Gefühl im Sinn, als er schrieb:

> Die Homilie ist der Prüfstein, um die Nähe und die Kontaktfähigkeit eines Hirten zu seinem Volk zu beurteilen. In der Tat wissen wir, dass die Gläubigen ihr große Bedeutung beimessen; und sie, wie die geweihten Amtsträger selbst, leiden oft, die einen beim Zuhören, die anderen beim Predigen. Es ist traurig, dass das so ist. Dabei kann die Homilie wirklich eine intensive und glückliche Erfahrung des Heiligen Geistes sein, eine stärkende Begegnung mit dem Wort Gottes, eine ständige Quelle der Erneuerung und des Wachstums.

3. *Eine öffentliche Ansprache muss nicht lang sein, um wirksam zu sein.*

Franklin Delano Roosevelts Ratschlag an seinen Sohn in Bezug auf öffentliche Reden lautete: „Sei aufrichtig, fasse dich kurz und setz dich." Lincolns Gettysburg-Rede umfasste nur 272 Wörter und dauerte zwei Minuten. Dennoch gilt sie als eine der größten Reden der amerikanischen Geschichte. Edward Everett, der vor Lincoln zwei Stunden lang gesprochen hatte, sagte hinterher zu ihm: „Ich wünschte, ich könnte behaupten, dass ich dem Kerngedanken des Anlasses in zwei Stunden so nahegekommen wäre, wie Sie es in zwei Minuten getan haben." Beide Präsidenten gelten als zwei der größten Redner in der amerikanischen Geschichte und ihre Ratschläge und Beispiele für die Kürze öffentlicher Reden sind heute noch genauso wertvoll wie zu ihrer Amtszeit. Vielleicht haben sie verstanden: „Bei vielen Worten bleibt ⟨Wort⟩bruch nicht aus, wer aber seine Lippen zügelt, handelt klug" (Sprüche 10,19).

4. *Diejenigen, die predigen, sollten lesen.*

Prediger würden sich selbst und ihren Gemeinden gegenüber einen Akt der Nächstenliebe vollbringen, würden sie täglich eine Stunde lesen und ein Tagebuch mit wichtigen Erkenntnissen und Anekdoten führen, die sie in ihre Predigten und Ansprachen einbauen können. Die Gemeinden würden von der Lektüre ihrer Priester profitieren. Theologie, die Heilige Schrift und christliche Spiritualität zu predigen, ist notwendig. Aber Einblicke in den menschlichen Zustand können auch aus anderen Disziplinen gewonnen werden. Bücher, die von professionellen Historikern geschrieben wurden – insbesondere die aus Oxford und Cambridge und britische Autoren im Allgemeinen –, sind sehr lohnenswert. Geschichtswissenschaftler sind grundsätzlich nicht rückwärtsgewandt, sondern zukunftsorientiert und neigen dazu, dem Sprichwort zuzustimmen: „Die Geschichte wiederholt sich nicht, aber sie reimt sich." Es gibt noch andere lesenswerte Themen – einschließlich tagesaktueller Ereignisse – und Psychologie kann auch nützlich sein, obwohl diese Bücher mit Vorsicht ausgewählt werden sollten.

Mit diesem Vorschlag möchte ich nicht sagen, dass Predigten über Geschichte, Psychologie, aktuelle Ereignisse oder andere

Themen gehalten werden sollten, sondern vielmehr, dass Homilien und Predigten über christliche Themen durch das Lernen des Pfarrers in anderen Disziplinen gestützt und bereichert werden sollten, sodass regelmäßiges Lesen die Qualität der Predigten in der Kirche insgesamt erheblich verbessern würde. Wer würde nicht dem Heiligen Ambrosius, einem Kirchenvater, zustimmen, wenn er lehrt: „Wer viel liest und viel versteht, wird satt. Wer satt ist, erfrischt andere" (*Stundengebet*, Amt der Lesungen, 7. Dezember, Gedenktag des Hl. Ambrosius).

Doch Lesen braucht Zeit und für manche bedeutet dies, die Gewohnheiten des täglichen Lebens zu verändern. Das ist der schwierige Teil. Hier müssen wir uns auf den Opfergeist des Christentums berufen. Eine Stunde am Tag zu lesen und sich dabei Notizen zu machen, ist für Pfarrer, deren Terminkalender mit Verpflichtungen und Veranstaltungen vollgepackt ist, zu viel verlangt. Der Dienst ist zeitaufwendig und der Rückgang der Berufungen verschärft das Problem. Die Last des Opfers sollte nicht nur auf den Pfarrern lasten, sondern auch die Gläubigen müssen Zugeständnisse machen. Den Laien sollte geraten werden, nur vernünftige Bitten an ihre Pfarrer und Seelsorger zu richten. Auf viele soziale *Verpflichtungen* könnte und sollte zugunsten der Lektüre und der pastoralen Entwicklung verzichtet werden. Und es gibt einige *Dienste*, die überflüssig und unnötig sind. Wenn die Kirchen sich bemühen würden, dies ihren Gemeinden zu erklären, würde die überwiegende Mehrheit der Mitglieder dem auch nachkommen und nur vernünftige

Forderungen an ihre Priester stellen, sodass sich die Predigttätigkeit verbessern würde.

5. *Der intellektuelle Gehalt muss hoch sein.*

Eine ältere Frau riet einmal einem frisch geweihten Pfarrer, „die Kekse ein paar Regale tiefer zu stellen". Wenn sie damit meinte, seine Predigten zu verdummen, war es kein guter Rat. Ältere Menschen, die ihr Leben lang treu an Liturgien und Gottesdiensten teilgenommen haben, sollten mit der christlichen Lehre gut vertraut sein. Es sollte nicht nötig sein, sie zu verdummen. Der Philosoph und Universitätsdozent Immanuel Kant gab den Lehrern ein gutes Beispiel, indem er seine Vorlesungen auf das mittlere intellektuelle Niveau der Klasse ausrichtete, auf dem sich die meisten Studenten befanden. Die begabtesten Studenten, so vermutete er, werden alles verstehen, die weniger begabten werden es nicht verstehen, egal, wie einfach man es macht. Das ist auch eine Weisheit für Prediger.

Die Sonntagspredigt sollte sich an die Menschen richten, die die Entscheidungen im Haushalt treffen und sich selbst und andere zur Kirche fahren. Deshalb sollte die Sonntagspredigt auf die durchschnittliche intellektuelle Kapazität der Erwachsenen in der Gemeinde ausgerichtet sein. Das sind die Gemeindemitglieder, die wir für uns gewinnen und halten müssen. Eine Verdummung der Predigten, es sei denn im Rahmen eines Kindergottesdienstes, wird den Trend der rückläufigen Kirchenbesucherzahlen nicht umkehren. Die Kinder der

Gemeinde werden mit ihren Eltern den Gottesdienst besuchen, ob sie ihn nun verstehen oder nicht. Und ihr Intellekt wird schließlich wachsen.

Die Zeiten, in denen ein Pfarrer die gebildetste Person in einer Stadt oder einem Dorf war, sind längst vorbei. Es ist noch gar nicht so lange her, da war die Alphabetisierung nur glücklichen Menschen mit etwas Wohlstand und Freizeit vorbehalten. Heute ist die Alphabetisierung universell und Pfarrer können sich glücklich schätzen, wenn sie zu den gebildetsten Menschen in ihrer Gemeinde gehören. Der egalitäre Charakter des Wissens im 21. Jh. wäre für frühere Generationen unvorstellbar gewesen.

Predigten und Ansprachen müssen auf die Gemeinde zugeschnitten sein, vor der sie gehalten werden. Und die Menschen in der modernen Welt sind intelligent und kenntnisreich. Es braucht Zeit und harte Arbeit, um eine gute Rede zu schreiben. Winston Churchill hat einmal zugegeben, dass er achtzehn Stunden für die Vorbereitung einer 45-minütigen Rede im Parlament gebraucht hat. Das sind 24 Stunden Vorbereitung für jede Stunde, die er öffentlich sprach. Vielleicht ist das für die meisten Priester unerreichbar. Aber Churchill war ebenfalls ein vielbeschäftigter Mann!

~

Ich habe in dieser Reflexion fünf sinnvolle Vorschläge gemacht, die – wenn sie von den Führern der Kirchen angenommen und in ihren Gemeinden verbreitet würden – von der Mehrheit der Gemeindemitglieder begrüßt und akzeptiert würden. Am Ende hätten sie bestimmt positive und weitreichende Auswirkungen. Prediger müssen besser darin werden, die christliche Botschaft an eine sich entwickelnde Gemeinde weiterzugeben, sonst wird die Zahl der Kirchenbesucher in der westlichen Welt weiter zurückgehen. Dies erfordert Anpassungen und neue Techniken.

Es braucht eine starke Person, um anpassungsfähig und widerstandsfähig zu sein, und wie Churchill einmal sagte: „Die Schlacht wird am Ende der Starke gewinnen."

14

Eine Fibel über das geistliche Leben, Teil 3

Wir alle haben irgendwann einmal die „harte Schule des Lebens" besucht. Einige von uns haben die Lektionen sorgfältig studiert, andere sind weitergezogen, bevor sie sie verinnerlicht hatten. Viele dieser Lektionen kann man aber nur dort lernen und nirgendwo sonst. Weisheit, das heißt, ein Leben in Übereinstimmung mit den Realitäten des Daseins, ist sowohl eine Frage des Wissens als auch der Erfahrung, und nicht alle Erfahrungen können in einem formalen Klassenzimmer erworben werden. Die harte Schule des Lebens ist ein Ort des Lernens und des Wachstums. Wo wären wir ohne sie?

Benediktinermönche haben eine andere Schule des Lernens und Wachsens, die der Heilige Benedikt „die Schule des Dienstes am Herrn" nennt. Diejenigen, die den Weg der wahren Nachfolge gehen, besuchen beide Schulen. Hier erhalten sie eine Ausbildung in Integrität und Heiligkeit.

Die wahre Nachfolge oder die Ausübung der Religion umfassen die beiden Hauptkategorien des Glaubens und der

Moral. Das Wort *Glaube* hat drei Bedeutungen: (1) eine Gabe, die uns in der Taufe zusammen mit Hoffnung und Liebe direkt in die Seele gegeben wird; (2) eine Tugend, die wie alle anderen Tugenden gestärkt wird, wenn sie praktiziert wird, und verkümmert, wenn sie vernachlässigt wird; und (3) die Lehre oder Religion im Allgemeinen, wie sie im *christlichen Glauben* oder in der *Ausübung des Glaubens* zum Ausdruck kommt.

Manche Menschen haben keinen Glauben oder verlieren ihn, weil sie denken, dass sie keine intellektuellen Gründe haben, an Gott zu glauben. Sie sollten wissen, dass es drei Dinge gibt, deren Existenz nicht allein mit dem menschlichen Verstand bewiesen werden kann: Gott, die menschliche Seele und das Leben nach dem Tod. Theologen haben „überzeugende und konvergierende Argumente" (*Katechismus der Katholischen Kirche*, Nr. 31) entwickelt, die die Existenz aller drei Dinge belegen. Aber manchmal ist der einzige Weg, an Gott zu glauben, auf die Knie zu gehen und zu beten. Der Glaube an Gott besteht eher darin, ein Leben des Glaubens zu führen, sich Gott zuzuwenden und ihn so zu behandeln, als ob er existiert, als zu versuchen, intellektuelle Beweise für seine Existenz zu finden.

Aus dieser kurzen Einführung in das spirituelle Leben mag hervorgehen, dass es sich um eine Art dualistischen Charakter handelt. Psalm 1 spricht von zwei Wegen im Leben: dem Weg der Gerechten und dem Weg der Bösen. Wenn diese dualistische Tendenz des geistlichen Lebens den Eindruck erweckt, es sei zu simpel, denken Sie noch einmal darüber nach. Erinnern Sie sich daran, dass Computer auf der Grundlage eines binären Systems (1/0) arbeiten und dieser Dualismus ein Universum von Komplexität mit sich bringt. Ebenso mag das spirituelle Leben einfach klingen. Aber es ist sehr komplex und auch das menschliche Leben ist alles andere als einfach oder simpel. Einstein soll gesagt haben, dass die Definition von Genie darin besteht, das Komplexe einfach zu machen, und dass man etwas nicht wirklich versteht, wenn man es nicht mit einfachen Worten erklären kann. Wissen muss nicht abstrus sein, um tiefgründig zu sein. Ich werde später noch mehr über die dualistische Natur des spirituellen Lebens sprechen.

In Wahrheit ist das Wissen über das geistliche Leben das wichtigste Wissen, das man besitzen kann. Für die meisten Menschen reicht es nicht aus, um die Rechnungen zu bezahlen. Aber es wird uns helfen, das Heil zu erlangen, und gibt es etwas Wichtigeres im Leben als die Sicherung des ewigen Heils?

Die Wissenschaft des geistlichen Lebens ist die Wissenschaft des Heils. In unserer Kurzsichtigkeit sehen wir oft nur das, was für uns in unserem irdischen Leben wichtig ist. Und während die irdischen Realitäten zeitliche Bedeutung haben, sollten ewige und geistliche Realitäten auf unserer Prioritätenliste höher stehen. Es fällt uns leicht, scheinbar weit entfernte Überlegungen aus den Augen zu verlieren, wenn so viele Anforderungen unsere unmittelbare Aufmerksamkeit erfordern. Doch wenn wir Jahre damit verbringen, uns auf den Ruhestand vorzubereiten, sollten wir uns dann nicht auch auf die Ewigkeit vorbereiten, die unendlich viel länger dauern wird?

Wir sollten uns zu jeder Zeit über unsere Prioritäten im Leben im Klaren sein, denn Prioritäten haben entscheidenden Einfluss auf unser Verhalten. Beziehungen sollten unsere höchste Priorität sein, vor allem unsere Beziehung zu Gott. Psychologen sagen uns, dass die Verbindung mit anderen zu Glück führt. Also scheint das Bedürfnis nach Verbindung ein Teil der menschlichen Natur zu sein. Aber es ist auch ein Teil unserer Natur, religiöse Wesen zu sein, was bedeutet, dass wir die Verbindung mit Gott noch mehr brauchen als mit anderen Menschen. Die Verbundenheit mit Gott führt uns in Wahrheit zum größtmöglichen Glück und zur ewigen Erlösung. Vielleicht erleben wir dieses Glück nicht auf kurze Sicht, aber wenn unsere Prioritäten richtig ausgerichtet sind, sollten wir bereit sein, die Befriedigung im Dienste Gottes und um unseres ewigen Wohlergehens und derer willen, zu deren Dienst Gott uns beruft, aufzuschieben.

> **9. Spiritueller Grundsatz**: Beziehungen sind das Wichtigste im Leben. Insbesondere unsere Beziehung zu Gott.

Einige Heilige haben uns gelehrt, dass es im geistlichen Leben nichts Geringes gibt. Gleichzeitig gibt es vieles, was in unserem irdischen Leben unwichtig und sogar unbedeutend ist und vor dem Hohen Gericht keine Rolle spielen wird. Im geistlichen Leben bedeuten kleine Dinge sehr viel. Es sind kleine Taten der Nächstenliebe, Vergebung, des Verzichts und der Freundlichkeit.

Kleine Siege über das Böse summieren sich, denn Taten formen Gewohnheiten. Gewohnheiten formen Veranlagungen. Und Veranlagungen formen den Charakter und nach dem griechischen Philosophen Heraklit ist der Charakter das Schicksal. Der freie Wille hat eine selbstbestimmende Eigenschaft. Wir formen die Art von Person, die wir werden und nehmen an unserer eigenen Bildung teil.

> 10. **Spiritueller Grundsatz**: Im geistlichen Leben gibt es nichts Kleines.

> 11. **Spiritueller Grundsatz**: Handlungen formen Gewohnheiten, Gewohnheiten formen Veranlagungen, Veranlagungen formen den Charakter, und der Charakter ist das Schicksal.

Der Anfang ist das Wichtigste. Damit meine ich, dass, wenn wir einen guten Start hinlegen, die Hälfte der Schlacht bereits gewonnen ist. Aber wenn wir am Anfang zögern oder Abstriche machen, werden wir immer hinter den Erwartungen zurückbleiben.

Der Heilige Bernhard pflegte sich zu sagen, dass dies der Moment sei, in dem er mit dem geistlichen Leben beginnen würde. Und der Heilige Johannes Vianney sagte sich jeden Morgen beim Aufstehen, dass er mit dem geistlichen Leben ganz von vorn beginnen müsse. Jede Reise beginnt mit dem ersten Schritt. Und die Reise zum Reich Gottes beginnt immer heute, immer im gegenwärtigen Augenblick. Jean Pierre de Caussade lehrte uns, dass jeder gegenwärtige Augenblick ein Sakrament der Gegenwart Gottes ist.

15

Freundschaft mit Gott

In der Genesis sagt uns Gott, dass es für den Menschen nicht gut ist, allein zu sein (Genesis 2,18). Er sagte dies zu Adam im Garten Eden, bevor er Eva als seine Gefährtin schuf. Die strenge Auslegung dieses Textes bezieht sich auf die Ehe zwischen Mann und Frau, aber es gibt auch eine allgemeinere Auslegung, die ebenfalls zutrifft: Es ist nicht gut für einen Menschen, ohne die eine oder andere Art von Gesellschaft zu sein.

Der Mensch ist von Natur aus ein Gemeinschaftswesen, ein soziales Wesen und ein Beziehungswesen. Wir wissen, dass kein Mensch eine Insel ist. Daher lege ich Genesis 2,18 so aus, dass alle Menschen mindestens eine Person haben sollten, der sie sich anvertrauen können. Diese Auslegung deckt sich mit Jakobus 5,16, der den Mitgliedern der Urgemeinde rät: „Bekennt nun einander die Sünden." Nicht weil es für die Gemeinschaft hilfreich ist, die Sünden der anderen zu kennen, sondern weil es für die Beichtenden von Vorteil ist. Diejenigen, die schon einmal eine Beratung in Anspruch genommen haben, wissen, dass das bloße Erzählen der eigenen Probleme an eine andere Person eine heilende Wirkung hat, auch wenn der Berater nichts sagen oder tun kann, um das Problem zu lösen oder die psychische Not zu lindern. In der Psychologie und im spirituellen Leben ist das Erzählen gleichbedeutend mit Heilung.

Geht man noch einen Schritt weiter, so lässt sich Genesis 2,18 auch auf Freundschaft anwenden. Es ist nicht gut für einen Menschen, ohne Freunde zu sein, denn Freundschaft ist ein universelles menschliches Bedürfnis und ein Geschenk höchsten Ranges. Das gilt sogar für den Herrn in seiner menschlichen Natur, denn Freundschaft ist für ihn ebenso ein Bedürfnis und eine Gabe wie für uns.

In Sirach lesen wir:

> Ein zuverlässiger Freund ist wie ein sicherer Zufluchtsort. Wer einen solchen Freund gefunden hat, der hat einen wahren Schatz gefunden. Er ist nicht zu bezahlen und mit nichts aufzuwiegen. (6,14–15)

~

Das Wort *Furcht* bedeutet in der Heiligen Schrift in Bezug auf Gott Ehrfurcht, die Gehorsam hervorruft. Diejenigen, die Gott fürchten, die ihn wirklich respektieren und ihm gehorchen, sind in der Regel im Herzen gute Menschen und versuchen, im Einklang mit dem Evangelium zu leben. Sie halten sich an die Gebote und vor allem an die beiden großen Gebote, die die Zusammenfassung des gesamten christlichen Lebens sind. Sie sind Menschen, die bis zu einem gewissen Grad an Gottes Leben und Heiligkeit teilhaben. Menschen, die den Herrn fürchten, sind wahre Freunde. Wiederum lesen wir in Sirach:

> Ein Mensch, der sich an den Herrn hält, kann auch rechte Freundschaft halten; denn der Freund, den er wählt, passt zu ihm. (6,17)

Der zweite Teil dieses Verses bezieht sich auf den Gedanken, dass wir wie die Gesellschaft werden, in der wir leben (Sprüche 13,20; 1. Korinther 15,33). Dies verweist auf unsere formbare Natur als Geschöpfe und darauf, dass wir zum Teil durch soziale Konditionierung und Umweltfaktoren zum Guten oder Schlechten geformt werden.

Die göttliche Natur hingegen ist unveränderlich und das gute, wenn man bedenkt, in welcher Gesellschaft Jesus während seines irdischen Lebens verkehrte. Er kam, um die Sünder zu rufen, nicht die Gerechten (Markus 2,17). Und Sünder zu rufen bedeutet, mit ihnen zu verkehren und sogar Freundschaften mit ihnen zu schließen. Bei Lukas lesen wir:

> Denn Johannes der Täufer ist gekommen, der weder Brot aß noch Wein trank, und ihr sagt: Er hat einen Dämon. Der Sohn des Menschen ist gekommen, der da isst und trinkt, und ihr sagt: Siehe, ein Fresser und Weinsäufer, ein Freund von Zöllnern und Sündern. (Lukas 7,33–34).

Jesus ist ein Freund der Sünder. Aber er wird nicht wie sie. Die Freundschaft, die er ihnen gewährt, soll sie befähigen, ihm ähnlicher zu werden und sie schließlich zu Heiligen und, wenn möglich, zu Helden zu machen. Christus bietet den Sündern seine

Freundschaft an, damit sie eines Tages in der Lage sind, Gottes Freundschaft zu erwidern.

Wir alle sind zur Freundschaft mit Gott berufen und wenn wir darüber nachdenken: Welche höhere Berufung oder Mission gibt es, als ein wahrer Freund Gottes in diesem und im nächsten Leben zu sein?

Wahre Freundschaft und christliche Gemeinschaft

Moralische Tugend	Intellektuelle Tugend
Guter Wille	Inhaltsbezogen
Effektive Wohltätigkeit	Substanz
Altruismus	Lernen
Gemeinsame Zweisamkeit	Wissen
Gefühl der Zugehörigkeit	Wahrheit
Gegenseitige Hilfe und Unterstützung	Verstehen
Wohltätigkeit	Weisheit
	Besonnenheit
Vertrauen (die Grundlage aller menschlichen Beziehungen)	Intelligenz

Falsche Freundschaft und unchristliche Freundschaft

Moralisches Laster	Intellektuelles Laster
Kranker Wille	Trivialität
Bosheit	Leichtsinn
Schädlichkeit	Leerstand
Egoismus	Oberflächlichkeit
Narzissmus	Sinnlosigkeit
Egoismus	Leere
Antipathie	Eitelkeit
Antagonismus	Sinnlichkeit
Isolierung	Hedonismus
Einsamkeit	Lüge und Betrug
Misstrauen	Unzumutbarkeit

16

Eine Fibel über das geistliche Leben, Teil 4

Es ist viel Tinte vergossen worden, um eine angemessene Erklärung für die Existenz des Bösen in der Welt zu finden – als ob eine solche Erklärung zumindest einen Teil der Angst und des Leids, das die Menschheit deswegen erfährt, lindern könnte. Im geistigen Leben unterscheiden wir zwischen dem moralischen Bösen, das von vernunftbegabten Wesen (Menschen und Engeln) begangen wird und eine Art von moralischer Schuld beinhaltet, und dem natürlichen Bösen, das in der natürlichen Welt auftritt und Katastrophen wie Wirbelstürme, Tornados und Vulkane umfasst. Die Erklärung des Letzteren obliegt den Wissenschaften, während das Erstere in die Zuständigkeit von Religion, Philosophie und Recht fällt.

Erinnern wir uns daran, dass die griechischen Philosophen der Antike lehrten, das Böse sei ein Mangel an einem Gut, das vorhanden sein sollte, aber nicht vorhanden ist. Das fehlende Gut ist nach der christlichen Tradition die Gnade und die Tugend, sodass die Existenz des moralisch Bösen in der Welt davon abhängt, ob die Menschen das Laster der Tugend und den Willen Gottes dem Eigenwillen vorziehen. Der Sitz der individuellen Entscheidung befindet sich im freien Willen, der die Fähigkeit hat, zwischen Gut und Böse zu wählen. Der Kern der christlichen Antwort auf das Problem des Bösen in der Welt war immer, dass Gott jeden Menschen mit einem freien Willen ausgestattet hat und das Böse in der Welt existiert, weil die Menschen es wählen.

Genialität bedeutet, wie Einstein sagte, komplexe Dinge einfach zu machen. Doch diese Antwort befriedigt nicht vollständig unser Bedürfnis zu wissen, warum das Böse in der Welt existiert. Der freie Wille ist eine Entscheidungsfähigkeit, aber er erklärt nicht, wie wir wählen oder warum. Die Antwort auf diese Frage ist komplex und wird für immer Gegenstand von Forschungen und Spekulationen in den psychologischen Wissenschaften und der Spiritualität sein. Aber eine kurze Erklärung findet sich in der christlichen Theologie:

> **12. Spiritueller Grundsatz**: Der Wille wählt immer das Gute.

Das Gute ist hier nicht unbedingt das wahre Gut. Der Intellekt identifiziert das, was er für das Gute *hält*, durch Erkenntnis. Aber der menschliche Intellekt ist ebenso anfällig für Irrtümer wie der menschliche Wille. Es geht hier um die Unterscheidung zwischen dem wahren und einem wahrgenommenen Gut, das dem Verstand als gut *erscheint,* in Wirklichkeit aber trügerisch ist. Der Wille handelt nach dieser Bestimmung des Verstandes und wählt immer das, was er als das

Gute wahrnimmt, auch wenn es ein falsches Gut ist. Die Wahrnehmung geht dem Urteil immer voraus. Wenn Menschen also Laster und Böses wählen, tun sie das, weil sie darin etwas Gutes sehen, auch wenn es nur ein fiktives oder egoistisches Gut ist.

Wie also werden Wille und Verstand getäuscht? Die psychologischen Wissenschaften bieten zwar eine Fülle von Erkenntnissen zu diesem Thema, aber aus der Perspektive des geistlichen Lebens sind drei Gründe hervorzuheben: (1) die Passion, (2) der falsche Gebrauch der menschlichen Vernunft oder eine schlechte Entscheidungsfindung und (3) die Gewohnheit, Unrecht zu tun und zu sündigen.

Das Wort *Passion* wird definiert als: (1) ein starkes Gefühl oder eine Emotion, (2) ein starkes Interesse oder Verlangen und (3) eine Zeit intensiven Leidens, die sich gewöhnlich auf die Passion Christi bezieht, manchmal aber auch auf Heilige und heilige Menschen, die in Verbindung mit Jesus und in Nachahmung von ihm leiden. Als Gefühl oder Verlangen ist die Passion an sich neutral, kann aber auf tugendhafte oder lasterhafte Ziele ausgerichtet sein. In der christlich-geistlichen Literatur wird das Wort *Passion* oft im abwertenden Sinn verwendet und bedeutet, dass man an einer Sache ungewöhnlich hängt. Ein biblisches Beispiel für diese Verwendung stammt vom Heiligen Paulus, wenn er sich auf die egoistische und unvernünftige Passion und Begierde des Fleisches bezieht (Galater 5,24).

Die Passion des Hasses ist besonders schwierig zu verstehen. Sie wirkt in Koordination mit der Passion der Liebe. Die Liebe zieht den Willen zu dem hin, was der Verstand als das Gute wahrnimmt, während der Hass eine Abneigung gegen das hervorruft, was der Verstand als das Böse wahrnimmt. Was bedeutet es in der Bibel, wenn es heißt, dass Gott etwas „hasst" oder wenn „Hass" oder ein ähnliches Gefühl einem der Patriarchen, Propheten oder einer anderen biblischen Persönlichkeit zugeschrieben wird? In den Kommentaren zur Heiligen Schrift wird *Hass* in der Bibel als die Bevorzugung einer Sache gegenüber einer anderen definiert. Wenn also in der Bibel steht, dass Gott „das Böse hasst", ist dies in dem Sinne zu verstehen, dass er das Gute dem Bösen vorzieht. In einigen Bibelübersetzungen heißt es, dass Jakob Lea hasste und Rahel liebte, was bedeutet, dass er Rahel Lea als Frau vorzog und ihr mehr Gunst erwies, da er sie mehr liebte (1. Mose 29,30–31).

Aus Gründen der Auslegung wird das Wort *Hass* in der Bibel nicht immer so verwendet, wie es im Sprachgebrauch üblich ist, das heißt, mit einer negativen, sogar bösartigen Bedeutung. Es stimmt, dass Hass, wenn er nach außen dringt, und vor allem, wenn er mit Zorn verbunden ist, fast immer bösartig ist. Doch wenn er im Zaum gehalten und auf das wahre Gute ausgerichtet wird, kann er auch auf tugendhafte Ziele ausgerichtet werden. Hass als Passion im neutralen Sinne ist Bestandteil der menschlichen Natur, der von Gott geschaffen wurde, um den Menschen dabei zu helfen, eine Sache abzulehnen und eine andere vorzuziehen. Es ist ungünstig und ein wenig schade, dass das gleiche Wort im Alltag sowohl für Bosheit als auch für einen natürlichen Teil der menschlichen Person verwendet wird.

Im zweiten Sinne kann das Wort *Passion* als ein starkes Interesse oder Verlangen verwendet werden. Ich mag ein Interesse an Fußball haben, das moralisch nicht verwerflich ist. Aber wenn ich so stark daran hänge, dass es mich dazu bringt, Unrecht zu tun oder zu sündigen, dann ist es zu einer Passion geworden. Glücksspiele sind moralisch nicht zu beanstanden, wenn ich sie in Maßen und zum Zeitvertreib ausübe. Aber wenn meine Spielgewohnheit so tief verwurzelt ist, dass sie sich zu einer Sucht entwickelt, dann bin ich ihr verfallen und sie kann sehr wohl sündhaft sein.

>**13. Spiritueller Grundsatz**: Jede Sünde beinhaltet eine ungesunde Bindung an Geschöpfe.

Der zweite Grund für die Täuschung des Willens und des Intellekts, das heißt, für den falschen Gebrauch der menschlichen Vernunft oder für schlechte Entscheidungen, sind oft die Passionen. Im Neuen Testament lesen wir von den selbstsüchtigen und unvernünftigen Passionen der Begierden des Fleisches (Galater 5,24). Und mit ein wenig Nachdenken und einigen empirischen Beweisen wird klar, wie selbstsüchtig und unvernünftig der Mensch sein kann.

Der dritte Grund ist, dass die Gewohnheit, zu sündigen und Unrecht zu tun, den Geist verdunkelt und korrumpiert, sodass es schwieriger wird, das wirklich Gute vom Schädlichen zu unterscheiden. Wiederholte schlechte Taten stellen eine Bedrohung für die geistige Gesundheit dar, weil sie das Gewissen deformieren und den moralischen Charakter entstellen. In der Apostelgeschichte waren die Schuppen, die dem heiligen Paulus von den Augen fielen, als Ananias ihm die Hände auflegte, ein Zeichen für körperliche und geistige Blindheit (Apostelgeschichte 9,17–18). In ähnlicher Weise verwundet die Sünde die Seele auf spirituelle Weise, so wie körperliche Wunden am Körper entstehen. Die Entscheidung für das Böse schadet anderen. Aber sie schadet dem Sünder ebenso sehr, wenn nicht noch mehr.

14. Spiritueller Grundsatz: Alle Rebellion führt zum Tod.
Denn der Lohn der Sünde ist der Tod. (Römer 6,23)

Das Heilmittel gegen das Böse in der Welt ist der Gehorsam gegenüber dem Willen Gottes, die Ausübung moralischer und intellektueller Tugenden, gute Entscheidungen, rechtes Denken und gerechtes Urteilen. Die Grundlage einer guten Entscheidung ist der richtige Gebrauch der menschlichen Vernunft.

Die moderne Kultur vermittelt oft Botschaften, die im Widerspruch zur traditionellen, christlichen Lehre über das geistliche Leben stehen. Eine davon ist, dass menschliche Empfindungen und Gefühle eine akzeptable Grundlage für moralische Entscheidungen sind. Die christliche Tradition hingegen empfiehlt Empfindungen und Gefühle nicht als solide Grundlage für moralische Entscheidungen. Diese Tradition und ein wenig Selbstreflexion erinnern uns daran, dass es im Leben der meisten von uns viele Momente gab, in denen sich Gefühle und Emotionen als notorisch unzuverlässig erwiesen haben.

Die durch die Gnade erleuchtete Vernunft ist bei Weitem vorzuziehen. Die Gewohnheit, zu beten, trägt wesentlich zur Erlangung der Gnade bei und ein kleines Studium der Logik ist hilfreich, um die Fähigkeit der Vernunft zu verbessern. Darüber hinaus bieten die psychologischen Wissenschaften eine Fülle von nützlichen Informationen. So haben Forschende beispielsweise herausgefunden, dass erfahrene Problemlöser drei entscheidende Vorteile gegenüber Anfängern haben: (1) Sie wenden Lösungsprinzipien an, anstatt sich auf oberflächliche Merkmale zu verlassen, (2) sie denken von Prämissen zu Schlussfolgerungen vorwärts, anstatt sich von vorgefassten Ideen zurück zu arbeiten, und (3) sie nutzen Chunking, was sich auf die Fähigkeit des Gedächtnisses bezieht, Wissensstücke zusammenzufassen.

Es ist auch sinnvoll, zwischen absoluter und moralischer Gewissheit zu unterscheiden. Es gab eine Zeit, in der Mathematiker glaubten, die Newtonsche Mathematik sei auf alles im Universum anwendbar. Aber Mathematiker und Physiker des zwanzigsten Jahrhunderts, vor allem Einstein, veränderten diese Meinung. Tatsächlich gibt es nur wenige Dinge im Leben, derer wir uns absolut sicher sein können. Die Messlatte für absolute Gewissheit liegt sehr hoch. Moralische Gewissheit hingegen ist ein weniger schwer zu erreichender Standard. Wenn die Beweise nach einer gewissen Zeit des Nachdenkens und Prüfens und unter Berücksichtigung aller Umstände in eine bestimmte Richtung weisen, dann kann ich eine gewisse moralische Gewissheit in Bezug auf die betreffende Angelegenheit erlangen. Ich bin mir vielleicht nicht absolut sicher, aber ich kann mir zumindest moralisch sicher sein, dass eine Behauptung oder eine Handlung richtig oder falsch ist.

Wenn es schon schwierig ist, den Standard der absoluten Gewissheit auf die physische Realität anzuwenden, dann ist es noch problematischer, wenn es um die metaphysische Realität geht. Um ein Gespräch über Theologie zu führen, muss man sich auf die Existenz dreier Dinge einigen, die mit der menschlichen Vernunft allein nicht bewiesen werden können, sondern im Glauben akzeptiert werden müssen: Gott, die unsterbliche menschliche Seele und ein Leben nach dem Tod. Der Maßstab der moralischen Gewissheit ist bei diesen Dingen viel leichter anzuwenden, da mich alles im Leben von ihrer Existenz überzeugt.

17

Der Weg des Lebens

BelCap und TimTop standen am Anfang des Lebensweges.

Da sie im gleichen Alter waren, gingen sie zusammen zur Schule, wurden Freunde, spielten zusammen Baseball und Football und gingen in der Highschool auf Doppel-Dates.

Als sie sich anschickten, getrennte Wege zu gehen, kamen sie an eine Weggabelung. Auf der linken Seite sahen sie einen breiten Weg, der mit Blumen, Ziersträuchern und Obstbäumen gepflastert war. Auf einem Schild am Anfang des Weges stand: „Leichtigkeit und Komfort". Ein anderes Schild verhieß: „Freude für die Augen". Ein drittes Schild besagte: „Der Weg ist breit und schmal".

BelCap hinterfragte die Bedeutung des dritten Schildes.

Ein Mann stand am Eingang des Weges auf der linken Seite. Er sah gut aus, ein schöner Mensch – gekleidet in einen feinen Anzug, dazu eine scharlachrote Krawatte und eine karmesinrote Nelke im Revers. Er lächelte einladend. Sein Name war Abaddon.

Auf der rechten Seite befand sich eine enge Pforte. Daran hingen Schilder mit der Aufschrift „Christus" und „Wahre Jüngerschaft". An der Seite des Tores stand ein Mann in einem schäbigen, abgetragenen Gewand. Sein Haar war zerzaust, sein Bart ungepflegt. Er trug Sandalen und sah aus wie jemand, der Reisende um Geld bittet. Einer von denen, die vom Glück verlassen wurden und denen nicht viel bleibt.

TimTop wunderte sich über den Mann am Tor.

BelCap wandte sich an TimTop und wünschte ihm alles Gute für seine Reise. Aber sie waren sich darin einig, dass sie sich eines Tages wiedersehen würden.

BelCap drehte sich nach links und der Mann Abaddon lächelte noch breiter. BelCap begann, auf den Weg zuzugehen, und stellte fest, dass er breit, flach und leicht zu begehen war. Granitsteine säumten den Weg auf beiden Seiten und das Gras um die Pflastersteine war gemäht. Die Bäume trugen tief hängende Früchte, die leicht zu essen zu sein schienen. Er war sich sicher, dass dies eine gute Wahl war.

TimTop ging auf den Mann in dem zerschlissenen, staubigen Gewand zu und fragte sich, ob dieser um Geld bitten würde. Der Mann sah aus und roch, als hätte er bereits eine lange Reise hinter sich. Er schien eine ordentliche Mahlzeit und einen Platz zum Schlafen zu brauchen. Als TimTop sich dem Tor näherte, entriegelte der Mann es und zog es auf. Ohne ein Wort zu sagen, schritt TimTop durch das Tor auf einen schmalen Pfad.

Als BelCap seine Reise fortsetzte, sah er immer mehr Schilder. Einige hatten Pfeile, die nach links oder rechts zeigten, andere nicht. Auf den Schildern stand „Faulheit", „Neid", „Stolz" und „Lust". Er ignorierte sie und setzte seinen Weg fort.

Als TimTop einige Zeit den schmalen Pfad hinuntergegangen war, sah auch er Schilder, auf denen Worte wie „Arbeit", „Mühsal", „Geduld" und „guter Wille" standen. Er fragte sich, ob er die richtige Entscheidung getroffen hatte, und fragte sich, wie es BelCap ergangen war. Auf dem weiteren Weg sah er Schilder mit den Aufschriften „Glaube", „Hoffnung" und „Besonnenheit". Etwas getröstet beschloss er, weiterzugehen, und fragte sich, ob der Mann in dem schäbigen Gewand immer noch am Tor wartete.

Während aus Monaten Jahre wurden, erreichte BelCap viele Meilensteine im Leben. Er heiratete und gründete eine Familie. Entlang des Weges standen Schilder mit der Aufschrift „Gier", „Oberflächlichkeit", „Frivolität" und „Eitelkeit". Er erinnerte sich daran, dass er hin und wieder ein paar kleine Fehler begangen hatte, und dann war da noch die kleine Affäre mit der jungen Frau, bevor sie aus der Stadt wegzog. Aber BelCap war im Allgemeinen bei seinen Mitmenschen beliebt und verdiente gutes Geld.

TimTop heiratete ebenfalls und ging einer sinnvollen Beschäftigung nach. Der Weg, den er einschlug, wurde mitunter immer schmaler. An verschiedenen Stellen kam er an Schildern mit der Aufschrift „Großmut", „Geduld", „Gerechtigkeit" und „Tapferkeit" vorbei. Einmal sah er ein Schild, auf dem

„Kreuzweg" stand. Den Mann in dem schäbigen Gewand vergaß er aber nie.

Viele Jahre vergingen und BelCaps Kinder waren inzwischen erwachsen und aus dem Haus. Er war immer noch mit seiner Frau verheiratet, doch die beiden waren unglücklich. Auf dem Weg kam BelCap an Schildern mit der Aufschrift „Gier", „Zorn" und „Völlerei" vorbei. Er erinnerte sich an Zeiten, in denen er unnötigerweise wütend auf seine Frau und seine Kinder geworden war. Er hatte im Laufe seines Lebens zu viel gegessen und getrunken, und das zeigte sich. Irgendwann veruntreute BelCap bei seinem Arbeitgeber kleine Beträge, die niemandem auffallen würden. Dann befürchtete er, dass seine Mitarbeiter ihm auf die Schliche kamen, also bewarb er sich um eine andere Stelle und wechselte das Unternehmen. Als er weiter den Weg entlangging, bemerkte er, dass die Bäume immer weniger Früchte trugen, bis sie schließlich nur noch Blätter hatten. Die Blumen, die einst den Weg gesäumt hatten, waren längst verschwunden, und auf dem Boden, wo einst Gras wuchs, lagen nun trockene Blätter und andere Zeichen des Herbstes. Die Pflastersteine waren nicht mehr da und es war nun leichter, vom Weg abzuweichen. Manchmal tat er das auch, nur um enttäuscht zurückzukehren.

Auch TimTops Kinder waren inzwischen erwachsen und hatten ihr Zuhause verlassen, um eigene Familien zu gründen. Sein Weg führte ihn in ein Wüstengebiet, das mit „Verzicht", „Heiliges Kreuz", „Läuterung" und „Mäßigung" ausgeschildert war. Manchmal fühlte er sich niedergeschlagen – vor allem, wenn die Schilder „Trübsal" und „Prüfung" auftauchten. Aber es gab auch Schilder, die ihn ermutigten, wie „Belohnung", „Erfüllung" und „Zufriedenheit". TimTop bereute es nie, diesen Weg gewählt zu haben.

In seinen späteren Jahren genoss BelCap ein gewisses Maß an Wohlstand, aber der Weg, auf dem er sich befand, wurde immer trostloser und schmaler. Die Bäume waren im Winter kahl und hin und wieder glaubte er, eine Heuschrecke zu sehen. Gelegentlich bemerkte er auch einen Skorpion auf dem Weg, dem er geschickt auswich. Auf die wenigen Schnecken, die ihm begegneten, trat er mit seinen Füßen. Auf den Schildern, an denen er vorbeikam, stand nun „Egoismus", „Arroganz" und „Selbstliebe". An einem Punkt seiner Reise kam er sogar an einen „Abgrund", den er nur knapp umging.

TimTop war bereits im Ruhestand und wurde allmählich alt. Als er auf sein Leben zurückblickte, erinnerte er sich an Zeiten der „Demütigung" und des „Opfers", des „Gottvertrauens" und der „Selbstbeherrschung". Er und seine Frau waren weiterhin glücklich verheiratet und halfen bei der Erziehung ihrer Enkelkinder. Die Zeichen auf dem Weg lauteten in dieser Zeit: „Dienst", „Wohltätigkeit", „Licht" und „Rat". Er blickte nie zurück und bereute es auch nicht.

Als BelCap sich dem Ende seines irdischen Lebens näherte, stieß er auf einen Mann, der neben einem Tor stand. Etwa zwanzig Meter vor dem Tor stand ein weiterer Mann auf dem Weg, neben ihm stand ein Schild mit der Aufschrift

„Manipulation und Betrug". Beide Männer trugen schmutzige Gewänder. Neben dem Tor stand ein Schild mit der Aufschrift „Land der Verwüstung". Der Mann am Tor grinste leicht und starrte BelCap an. Sein Name war Apollyon. Trotz dieser Vorzeichen überkam BelCap ein Gefühl der Ruhe, wie man es manchmal empfindet, wenn sich ein Sturm am Horizont abzeichnet. Er wusste, dass seine Zeit gekommen war.

Der Mann namens Apollyon öffnete ihm nicht das Tor, denn das war nicht seine Aufgabe. Er und BelCap warteten einen Moment lang, während der andere Mann zusah. Das Tor öffnete sich von selbst und BelCap schritt auf das Tor zu. Als er an dem Mann namens Apollyon vorbeiging, nahm er einen subtilen Geruch wahr, der ihn an ein Reptil oder einen Beutel Mehlwürmer erinnerte. Apollyon grinste.

TimTop näherte sich ebenfalls dem Ende seines Lebens und kam an Schildern mit der Aufschrift „Nächstenliebe" und „Tugend" vorbei. Er stieß auf einen Mann, der vor einem Schild mit der Aufschrift „Wächter und Führer" stand. TimTop fand Trost darin und ein Stück weiter sah er ein weiteres Schild mit der Aufschrift „Land der Lebenden".

TimTop wusste, dass sich sein Lebensweg dem Ende zuneigte, und während er seine letzte Krankheit ertrug, sah er Schilder mit der Aufschrift „Toleranz" und „Nachsicht". Das letzte Zeichen, das er vor dem Einschlafen sah, war „Vollkommene Nächstenliebe".

Als BelCap das Tor durchschritt, verlor er das Bewusstsein. Als er erwachte, befand er sich in völliger Dunkelheit, als hätte er nie in seinem Leben einen Sehsinn besessen. Es war dunkler als jeder Nachthimmel – die völlige Abwesenheit von Licht. Hinter sich hörte er eine tiefe, heisere Stimme, klar und bedrohlich ... „Huh, huh, huh, huh, huh, huh ..." Vor ihm spürte er, dass ihn etwas beobachtete, aber er war sich nicht sicher. Plötzlich schien der Boden unter seinen Füßen zu verschwinden und er spürte, dass er in einen Abgrund fiel. Das Letzte, woran er sich erinnerte, war, dass er schrie: „ICH WILL LEBEN! ICH WILL LEBEN!!!"

Als TimTop erwachte, befand er sich in einem Garten mit den schönsten Blumen, die er je gesehen hatte. Vor seinem geistigen Auge spielten sich sämtliche Szenen seines Lebens ab und vor ihm, auf der anderen Seite des Gartens, stand ein Lichtwesen, das Wärme und Wohlwollen ausstrahlte. TimTop fühlte sich willkommen – als ob er genau in diesem Moment dort sein sollte und das Lichtwesen schon lange auf ihn gewartet hätte. TimTop erkannte, dass dies seine Zeit der Rechenschaft war ...

Keiner der beiden sprach hörbar, aber TimTop wurde bewusst, dass das Lichtwesen ihm eine Frage stellte. Es war keine hörbare Frage, eher ein Eindruck, der TimTops ganzes Wesen erfüllte. Es war das Einzige, woran er in diesem Moment denken konnte:

„Was hast du mit der Liebe getan, die ich dir gegeben habe?"

Während er die Szenen seines Lebens in Gedanken Revue passieren ließ, dachte TimTop einen Moment lang nach. Mit einer gewissen Traurigkeit und einem gewissen Zögern wollte er etwas sagen, doch bevor er es tun konnte, ertönte eine Stimme aus seinem tiefsten Inneren. Sie klang klar und deutlich:

„Ich habe mein Bestes gegeben."

Eine spirituelle Landkarte

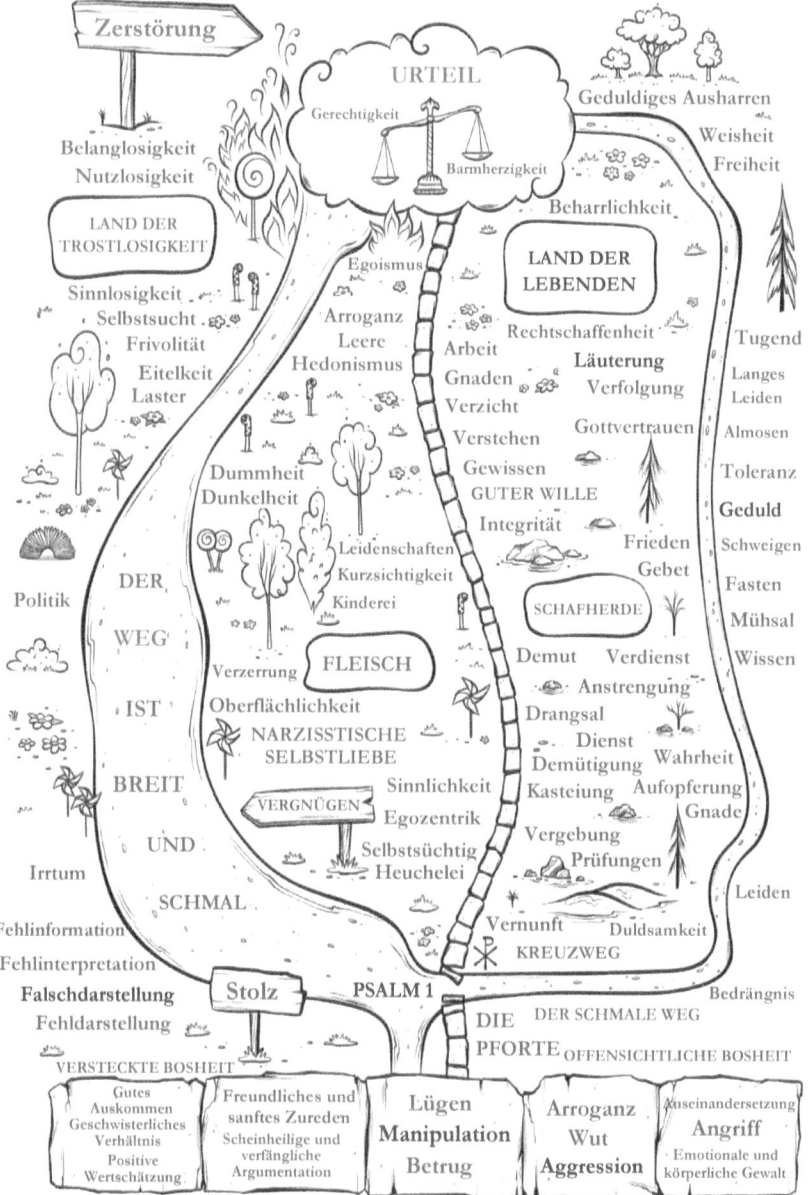

18

Das S.A.-Prinzip

Ein nützliches Prinzip in der Theologie und im spirituellen Leben nenne ich das S.A.-Prinzip, auch bekannt als das „**Sowohl**-als-**Auch**"-Prinzip, oder „Aber-auch"-Prinzip. Es ermöglicht es, zwei scheinbar unvereinbare und sogar widersprüchliche Aspekte einer physischen oder metaphysischen Realität im Kopf zu behalten. Der Schlüssel zu seiner erfolgreichen Anwendung liegt in Ausgewogenheit und gutem Willen in Bezug auf die Interpretation.

Das S.A.-Prinzip ist mit der folgenden christlichen Lehre verbunden, aber nicht darauf beschränkt:

a) Die Heilige Dreifaltigkeit ist sowohl drei göttliche Personen als auch ein Gott.
b) Gott ist *sowohl* drei *als auch* eins.
c) Gott ist drei Wesen, *aber* ist *auch* eines.

...

a) Jesus Christus ist eine göttliche Person mit zwei Naturen, einer göttlichen und einer menschlichen.
b) Die göttliche Person Jesus Christus besitzt *sowohl* eine göttliche *als auch* eine menschliche Natur.
c) Die Person Christi hat eine göttliche Natur, *aber* sie hat *auch* eine menschliche Natur.

...

a) Die christliche Kirche ist von dieser und der nächsten Welt.
b) Die Kirche ist *sowohl* zeitlich und irdisch *als auch* geistlich, himmlisch und ewig.
c) Die Kirche ist zeitlich und irdisch, *aber* sie ist *auch* geistlich, himmlisch und ewig.

...

a) Die Kirche ist menschlich und göttlich.
b) Die Kirche hat *sowohl* ein menschliches *als auch* ein göttliches Element.
c) Die Kirche ist menschlich, *aber* sie ist *auch* göttlich.

...

a) In der Kirche gibt es Weltlichkeit und Spaltung, aber auch Heiligkeit und Einheit.
b) Die Kirche ist *sowohl* weltlich und gespalten *als auch* heilig und eins.
c) Die Kirche ist weltlich und gespalten, *aber* in ihr gibt es *auch* Heiligkeit und Einigkeit.

...

a) Die Heilige Schrift ist das Wort Gottes in menschlichen Worten.
b) Die Heilige Schrift ist *sowohl* das inspirierte Wort Gottes *als auch* eine Sammlung von historischen Dokumenten.
c) Die Heilige Schrift ist zwar inspiriert, *aber* sie ist *auch* eine Komposition menschlicher Schriften, deren Zusammenstellung Jahrhunderte dauerte und viel menschliche Mühe und Erfindungsgabe erforderte.

...

a) Der Mensch ist Körper und Seele.
b) Die menschliche Person besteht *sowohl* aus einem geistigen Prinzip, das wir Seele nennen, *als auch* aus einer körperlichen Substanz, die wir Körper nennen.
c) Der Mensch hat einen Körper, *aber* er hat *auch* eine Seele.

...

a) Die menschliche Person ist sterblich und ewig.
b) Der Mensch ist *sowohl* sterblich in Bezug auf dieses Leben *als auch* ewig in Bezug auf das nächste Leben.
c) Wir Menschen sind sterblich, *aber* wir sind *auch* ewig.

...

Eine der Arten, wie Ketzerei in der Kirche entstanden ist, besteht darin, dass sie ein gewisses Maß an Wahrheit eines Aspekts einer physischen oder metaphysischen Realität und die Abschwächung der Wahrheit des anderen hervorhebt. Sicherlich gibt es zwischen den beiden Seiten des S.A.-Prinzips unterschiedliche Grade der Wichtigkeit, etwa ist die Göttlichkeit wichtiger als die Menschheit. Aber beide Seiten bleiben dennoch wahr.

Ein nützliches Bild dafür ist eine Wippe. Eines der wichtigsten Dinge im Leben ist das Gleichgewicht und noch wichtiger ist der gute Wille. Wir versuchen, die Wippe im Gleichgewicht zu halten, auch wenn es Abstufungen in der Bedeutung gibt. Wir nutzen den guten Willen, um nichts nach unserem eigenen Willen und unseren Vorlieben zu interpretieren, sondern im Einklang mit der anerkannten christlichen Lehre.

19

Binäre Bewegungen und Entscheidungen

Wie bereits erwähnt, ist die binäre Entscheidung, die alle Computer im Kern treffen, die Entscheidung zwischen 1 und 0. Alle Berechnungen, die von Computern durchgeführt werden, gehen von dieser grundlegenden Kernentscheidung aus.

Der Mensch hat ebenfalls einen Kern, den wir das *Herz* nennen. Es ist das Zentrum unseres Wesens und die tiefste Ebene unseres Menschseins. Menschen sind jedoch keine Computer und trotz der enormen Rechenleistung der heutigen modernen Maschinen und ihres fast unendlichen Potenzials werden Computer niemals ein menschliches Herz und einen menschlichen Geist besitzen. Wir sind mehr als eine binäre Entscheidung und Gnade wird nicht an Computer weitergegeben. Computer sind in mancher Hinsicht komplexer als Menschen, aber nicht in allem. Computer haben ihre eigene Form der Komplexität, so wie wir Menschen die Fähigkeiten des Willens und des Intellekts haben, die uns auf eine Weise komplex machen, wie es Computer, trotz der anhaltenden Debatte darüber, ob sie jemals ein Bewusstsein erlangen werden oder nicht, nie sein werden.

So wie alle Analogien und Metaphern scheitern, wird auch die Reduzierung der menschlichen Person auf einen binären Mechanismus und die Reduzierung ihrer geistigen Bewegungen und rationalen Entscheidungen auf ein binäres System letztlich scheitern. Auch wenn Psalm 1 eine Vereinfachung ist – es gibt zwei Wege, die ein Mensch wählen kann, den guten oder den schlechten Weg, und es gibt zwei endgültige und ewige Ziele, den Himmel und die Hölle –, ist diese Vereinfachung dennoch wahr und hilfreich. In gleicher Weise sind das menschliche Herz, der Verstand und der Wille wichtige Studienobjekte im spirituellen Leben – wie unwiderruflich sie auch sein mögen – und es ist nützlich, ihre binären Aspekte darzustellen, auch wenn diese Darstellung eine Vereinfachung ist. Einstein, der die Feinheiten der Mathematik so gut wie kein anderer verstand, sagte, dass wir etwas nicht wirklich verstehen, wenn wir es nicht mit einfachen Worten erklären können.

Erste geistliche Bewegung des menschlichen Herzens

Die erste Bewegung des menschlichen Herzens ist immer die Liebe, die im Sprachgebrauch ein zweideutiges und variables Wort ist. Eine geistliche *Bewegung* ist nicht dasselbe wie eine bewusste, rationale *Bewegung*, die durch diskursive und intuitive Überlegungen getroffen wird. Die erste Bewegung der Liebe ist eine geistliche Bewegung oder ein Impuls, der aus unserem

Inneren kommt und nicht vollständig unter unserer bewussten Kontrolle steht oder einem unmittelbaren Entscheidungsprozess unterliegt. Wir können jedoch darauf reagieren, nachdem die Bewegung durch innere oder äußere Handlungen entstanden ist, und im Laufe der Zeit kann sie sich verstärken oder abschwächen. Auch Gnade kann sie beeinflussen, aber immer mit dem Ziel, uns Gott näherzubringen und uns zu helfen, das Heil zu erlangen. *Bildung* ist der Begriff, den wir für den kontinuierlichen Prozess verwenden, der sich im Laufe der Zeit vollzieht, in dem unsere inneren und äußeren Handlungen mit der göttlichen Gnade in Wechselwirkung treten, wenn sie uns tatsächlich vermittelt wird.

Die spirituelle Liebe geht immer über sich selbst hinaus und wendet sich einem Objekt außerhalb ihrer selbst zu. Sie hat eine Vorliebe für ein Objekt, das wir das Gute nennen, und wählt es aus, unabhängig davon, ob dieses Gute real (wahr, tatsächlich) oder nur wahrgenommen (eingebildet, falsch) ist. Unser Herz liebt geistig das, was es als gut identifiziert, und hasst das, was es als böse, schlecht, minderwertig oder in irgendeiner Weise fehlerhaft identifiziert.

Ein Problem ergibt sich daraus, dass die Wörter *Liebe, Hass, gut* und *schlecht* relativ und in ihrer Bedeutung unbestimmt sind. Einige Bibelübersetzungen verwenden das Wort *Hass*, obwohl ein anderes Wort oder ein anderer Satz vielleicht besser geeignet wäre. Aber die Verleger wollen, dass sich ihre Übersetzungen elegant lesen, und entscheiden sich gegen Wörter oder Sätze, die klobig oder unnatürlich klingen und anderweitig nicht dem allgemeinen

Sprachgebrauch entsprechen. Da Eleganz nicht meine oberste Priorität ist, kann ich mir hier den Luxus erlauben, andere Worte zu benutzen, um die negativen Konnotationen zu vermeiden, die mit dem Wort *Hass* verbunden sind.

Erste binäre Bewegung des menschlichen Herzens

Liebe	Hass
Zuneigung	Unzufriedenheit
Anziehung	Abstoßung
Neigung	Abneigung
Präferenz	Missgunst
Vorliebe	Verachtung

Es ist wichtig festzustellen, dass die erste Bewegung des menschlichen Herzens unbeständig, variabel, wandelbar und sogar launisch ist. Manchmal kann sie uns auch überraschen. Wir denken nicht oft über den unmittelbaren Impuls nach, wenn er auftritt, aber er ist für unsere Selbstbeobachtung verfügbar. Dennoch reagieren wir meist nur kurz darauf und gehen weiter.

Unser Herz hat sozusagen seinen eigenen Kopf und wir können es nicht über Nacht oder durch einen bloßen Willensakt oder durch Nachdenken ändern. Manche Impulse und Wünsche sind besonders schwer zu überwinden. Etwa, wenn wir jemanden lieben, der unsere Liebe nicht erwidert. Oder wenn wir etwas begehren, das wir nicht haben können. Wenn der Impuls stark genug ist, können wir desillusioniert, traurig und neidisch werden. Manchmal reagieren wir dann auf eine Art und Weise, die lieblos und sogar hasserfüllt ist.

Zweite geistige Bewegung des menschlichen Herzens

Die zweite Bewegung des menschlichen Herzens ist die Bewegung zwischen Interesse und Desinteresse. Wenn wir in uns hineinschauen, stellen wir fest, dass wir an diesem Gegenstand interessiert und an jenem desinteressiert sind. Ich behaupte nicht, dass diese zweite Bewegung chronologisch auf die Erste folgt oder dass der Wille und der Intellekt keine Rolle bei unserem Interesse oder Desinteresse spielen. Ich behaupte nur, dass die zweite Bewegung zusammen mit oder nach der Ersten stattfindet und sie tief aus unserem Inneren kommt.

Der natürliche Impuls von Interesse und Desinteresse folgt einer Spontanität. Wir können nicht immer bestimmen, wer oder was uns interessiert oder nicht. Wir stellen auch fest, dass diese Bewegung eher automatisch als willentlich ist. Wir begegnen Menschen, die uns unmittelbar interessieren, und anderen, die wenig oder gar nicht von Interesse für uns sind. Manche Menschen entdecken in ihrer Jugend, dass sie sich für ein bestimmtes Studienfach oder einen Beruf interessieren, auch wenn sie sich den Grund dafür kaum erklären können.

Im Laufe unseres Lebens stellen wir fest, dass unsere Interessen und Desinteressen schwanken. Manchmal verlieren wir das Interesse an etwas, das uns einst fasziniert hat. Und zu anderen Zeiten gewinnen wir das Interesse an etwas, das uns früher gelangweilt und ermüdet hätte. Wir stellen fest, dass sich manche Interessen im Laufe der Zeit vertiefen und verstärken und Desinteressen zu Abneigungen werden. All dies geschieht auf eine

Art und Weise, die bis zu einem gewissen Grad außerhalb unserer Kontrolle liegt. Das Herz hat seinen eigenen Willen.

Dritte geistige Bewegung des menschlichen Herzens

Die dritte Bewegung des menschlichen Herzens, die mit den ersten beiden einhergeht, ist die zwischen Annahme bzw. Zustimmung oder Ablehnung bzw. Abneigung. Wie die beiden anderen ist auch diese Bewegung sowohl mächtig als auch potenziell gefährlich. Das ultimative Objekt unserer Liebe muss immer Gott sein, da er unsere Natur so geschaffen hat, und jede Sünde beinhaltet eine ungesunde Bindung an Geschöpfe. Dies muss a priori akzeptiert werden und erfordert, dass wir lieben und annehmen, was von Gott kommt, und missbilligen und ablehnen, was seinem Willen widerspricht.

Deshalb sind das Gebet, das geistliche Leben und die Selbstbeobachtung für das geistliche Wachstum und das Seelenheil notwendig. Wenn wir in unser Inneres schauen und Bewegungen oder, Gott bewahre, gewohnheitsmäßige Veranlagungen finden, die unserem höchsten Gut zuwiderlaufen, dann müssen wir ihnen durch bewusste Entscheidungen und Handlungen unseres freien Willens entgegenwirken. Wenn wir feststellen, dass unser Herz auf unser höchstes Gut ausgerichtet ist, können wir dies als ein Werk der Gnade betrachten und es als größten Segen ansehen. Wenn nicht, dann haben wir daran zu arbeiten.

All dies bedeutet, dass wir nicht durch das, was aus dem Herzen kommt, vorbestimmt sind. Der Wille und der Intellekt spielen bei den meisten von uns immer eine Rolle, und wir bleiben frei, auch wenn wir uns selbst ein wenig ein Rätsel sind. Handlungen formen Gewohnheiten und Gewohnheiten formen Veranlagungen. Wir haben Einfluss auf die Bildung unseres tiefsten Selbst und werden nicht von den Bewegungen bestimmt, die aus unserem Herzen kommen, auch wenn wir ihnen nicht entkommen können. Was wir als Antwort auf diese Bewegungen tun, ist jedoch eine Reaktion auf sie als Bejahung oder Verneinung.

Binäre Entscheidung des Willens mithilfe des Verstandes

Der Wille arbeitet auf einer bewussteren und rationaleren Grundlage als die spirituelle Liebe, die dem Herzen entspringt. Aber er hat auch eine binäre Eigenschaft. Der Wille wählt immer das Gute und lehnt das Schlechte ab. Auch wenn der Entscheidungsprozess bewusster und überlegter abläuft als die spirituellen Bewegungen des Herzens, ist unsere Fähigkeit, das Gute zu wählen, weder absolut noch jemals völlig unzureichend – außer vielleicht bei Geisteskranken. Freiheit ist definiert als die Fähigkeit, das Gute zu wählen. Aber wir sind nur in einem mehr oder weniger großen Maße frei. Je tugendhafter wir sind, desto freier sind wir, das wahre Gute zu wählen. Je mehr wir an das Laster gewöhnt sind, desto weniger Macht haben wir, das wahre Gute zu wählen.

Der böse Wille ist die Demonstration der Macht, das falsche Gute zu wählen. Dennoch ist es eine Macht. Der Mensch hat ein angeborenes Bedürfnis, in irgendeiner Form Macht auszuüben, und diejenigen, die bösen Willen ausüben, befriedigen dieses Bedürfnis auf eine Weise, die für sie selbst und andere schädlich ist. Viel Böses wird in dieser Welt aufgrund des bösen Willens vollbracht und man kann seinen Hang zur Macht nicht leugnen. Der gute Wille hingegen wird oft mit Schwäche assoziiert, weil diejenigen, die ihn praktizieren, ihre Möglichkeit, andere zu verletzen, einschränken oder sich selbst verweigern, dem bösen Willen unterliegen. Dieser Zustand ist jedoch auf diese zeitliche Welt beschränkt und es gibt immer eine Zukunft. Die Zukunft ist ewig und es gibt einen Gott, der belohnt und bestraft.

Binäre Entscheidung des Willens

Liebe	Hass
Guter Wille	Böser Wille
Wohltätigkeit	Schädlichkeit
Altruismus	Egoismus
Wohltätigkeit	Hartherzigkeit
Tugend	Laster

Das Grundprinzip der gesamten Geschichte ist der Konflikt zwischen Gut und Böse. Und die wichtigste und immerwährende Entscheidung, die wir im Laufe unseres Lebens treffen, ist die Wahl zwischen Gut und Böse, zwischen gutem und bösem Willen. Alle menschlichen Interaktionen, die Gesellschaft und die

Geschichte werden von dieser binären Entscheidung beeinflusst und geprägt, ähnlich wie die Berechnungen von Computern, die aus der Wahl zwischen 1 und 0 resultieren. Ein Leben lang guter Wille führt schließlich zu einer Fülle von Einsen, die wir Verdienst nennen. Ein Leben mit bösem Willen endet schließlich in einem Bankrott aus Nullen. Wenn wir am Ende unseres irdischen Lebens zu unserem individuellen Urteil kommen, werden wir sehen, wie viel wir durch unseren guten Willen eingezahlt und wie viel wir uns durch unseren schlechten Willen verschuldet haben.

Beziehungen sind die höchste Priorität im Leben. Diejenigen, die gegenseitige Zuneigung, Interesse, Akzeptanz und Gutes fördern, werden überleben und bedeutungsvolle und unterstützende Freundschaften und wohltätige Bekanntschaften erfahren. Diejenigen, in denen Unzufriedenheit, Desinteresse, Ablehnung und schlechter Wille gedeihen, werden unweigerlich Streit und Feindschaft erleben. Menschen, die im Gefängnis gelebt haben, sagen, dass es dort keine Freunde gibt. Gibt es also einen Grund zu glauben, dass es in der Hölle Freunde gibt?

20

Heilige Schrift und Geschichte

Wir müssen vorsichtig sein, wenn wir Geschichte aus der Bibel lernen, genauso wie wir vorsichtig sein müssen, wenn wir Wissenschaft aus der Bibel lernen. Die Heilige Schrift ist eine Sammlung historischer Dokumente, und viele der Bücher dienen als unschätzbare historische Quellen für die Forschung und Studium. Aber sie ist kein Geschichtsbuch im gewöhnlichen Sinne. genauso wenig wie sie ein wissenschaftliches Buch im gewöhnlichen Sinne ist – selbst, wenn sie eine antike Kosmologie beschreibt.

Unsere Geschichtsquellen, das heißt, die erhaltenen schriftlichen Dokumente, sind in Bezug auf Fakten notorisch unzuverlässig. Dies gilt nicht nur für antike Dokumente, sondern auch für solche aus dem Mittelalter und der frühen Neuzeit. Um richtig interpretiert zu werden, müssen die Bücher der Bibel, wie jede andere historische Quelle, mit anderen zeitgenössischen oder zeitnahen Dokumenten verglichen werden, die oft eine andere Darstellung der Ereignisse liefern. Zu berücksichtigen sind auch archäologische Funde, anthropologische Entdeckungen, theologische Lehren, vernunftbasierte Spekulationen, Vermutungen von Historikern sowie der gesunde Menschenverstand.

Wir müssen sorgfältig abwägen, wie wörtlich wir die Schrift auslegen, ebenso wenn wir andere alte Dokumente auslegen. Es stimmt zwar, dass die Heilige Schrift eine Klasse für sich ist, wenn es um göttliche Inspiration geht, aber sie unterscheidet sich in anderer Hinsicht nicht völlig von allen anderen antiken Schriften. Die Bibel wurde ebenso wie diese Schriften von menschlichen Autoren verfasst. Die alten Hebräer, die das Alte Testament schrieben, und die Juden-Christen, die das Neue Testament verfassten, verfolgten beim Schreiben wie alle antiken Völker eine Absicht, der wir uns bewusst sein müssen, wenn wir uns diesen Texten heute nähern. Dieses Bewusstsein erfordert ein Studium.

Antike Autoren versuchten nicht immer, eine sachliche Darstellung der tatsächlichen Geschehnisse zu geben, und viele ihrer Schriften entsprachen überhaupt nicht den Tatsachen. Antike Zivilisationen produzierten fiktionale Literaturwerke, genau wie moderne Gesellschaften. Selbst wenn die antiken Autoren versuchten, einen Tatsachenbericht zu verfassen, wurden Fakten häufig mit Fiktion vermischt:

- Die Israeliten, Griechen, Römer und andere Völker des Altertums schufen Geschichten, Legenden und Mythen, um sich eine gemeinsame Identität zu geben und ihren Ursprung und den Grund für die Existenz ihres Stammes, Stadtstaates, Königreichs usw. zu erklären. Das öffentliche Erzählen von Geschichten diente auch als Form der Unterhaltung, ähnlich wie unser Theater, Fernsehen und Radio heute.

- Homer (falls es überhaupt einen Homer gab) schrieb die *Ilias* und die *Odyssee*, um die Ursprünge und die frühe Geschichte der griechischen Völker zu schildern. Aber niemand glaubt, dass diese Berichte tatsächlich Geschichte sind, auch wenn sie auf tatsächlichen historischen Ereignissen beruhen könnten. Wir kennen diese Geschichten als Mythen, die mündlich von Generation zu Generation weitergegeben und an Lagerfeuern oder in Freilichttheatern rezitiert wurden, bis sie schließlich jemand schriftlich festhielt. Dieser Prozess dauerte Generationen und die Geschichten wurden sicherlich mehrfach verändert und ausgeschmückt. Niemand glaubt, dass es sich um historische Fakten handelt, sondern nur um Literatur mit einem bestimmten Zweck.

- Die Griechen hatten ihr Götterpantheon, um Naturphänomene zu erklären, für die wir nun wissenschaftliche Erklärungen haben. Niemand glaubt, dass etwas davon tatsächlich passiert ist. Und selbst zu jener Zeit gab es viele Skeptiker und Atheisten (siehe Platon, Aristoteles und andere griechische Philosophen).

- Auch die Heilige Schrift wurde zunächst mündlich überliefert und mit Änderungen von Generation zu Generation weitergegeben, bis sie schließlich von Schriftgelehrten niedergeschrieben wurde. Diese

Papyrus- oder Pergamentrollen wurden dann weitergegeben und kopiert (mit Fehlern, Änderungen, Hinzufügungen, Streichungen, Ausschmückungen usw.), bis sie so alt waren, dass sie auseinanderfielen oder verrotteten, bevor neue Kopien angefertigt wurden (wobei sich die Autoren auch hierbei Freiheiten genommen haben), sodass von keinen Büchern der Bibel Originalausgaben erhalten sind, auch wenn wir alte Quellen kennen (hebräische Schriften, Schriftrollen vom Toten Meer, Schriften des Neuen Testaments). Das Wunder der Gnade besteht darin, dass Gott während dieses ganzen Prozesses diese Schreiber inspirierte, lehrte und leitete und ihnen Wahrheiten vermittelte, die zur Erlösung führen. Gottes Inspiration ist die Basis der Wahrheit und des Wortes Gottes in der Heiligen Schrift, wie sie es in anderen Formen der Literatur, ob alt oder modern, nicht ist. Dennoch sind diese Dokumente immer noch menschliche Schriften. (Siehe S.A.-Prinzip.)

- Virgil schrieb die *Aeneis* während der Herrschaft von Cäsar Augustus, um die Ursprünge Roms zu beschreiben. Er erfand dabei eine Geschichte, in der die Stadt Troja als Ursprung der Stadt Rom dient. Aber niemand glaubt wirklich, dass es sich um eine wahre Geschichte handelt. Selbst in der römischen Zeit verstanden die Menschen, dass es sich um ein gut ausgearbeitetes Stück Literatur handelte, das als Ursprungs- und Identitätsgeschichte diente, die viel beeindruckender war als die reale Geschichte eines völlig unbedeutenden lateinischen Stammes, der aus einem Sumpfgebiet am Tiber hervorging.

- *Beowulf* wurde im Mittelalter als Heldengeschichte geschrieben, die den Menschen im angelsächsischen England einen epischen Bericht über einen Helden lieferte, der ihnen ein Gefühl von Identität und Geschichte gab. Auch sie entwickelte sich wahrscheinlich aus einer mündlichen Überlieferung und wurde schließlich von jemandem aufgeschrieben. Niemand glaubt, dass sie historisch wahr ist. Aber sie erfüllte für die Angelsachsen einen wichtigen Zweck, brauchten sie doch wie alle Menschen eine in der Vergangenheit verwurzelte Identität.

- Die Skandinavier schufen die nordische Mythologie, aber niemand glaubt, dass es sich dabei um Geschichte handelt. Es ist Literatur mit einem bestimmten Zweck.

- Die Originalgeschichten von König Artus und den Rittern der Tafelrunde sind eine gute Lektüre (wenn man die Artuslegende gern liest) und geben ein Bild des fast idealen mittelalterlichen Königs und Königreichs. Aber niemand glaubt, dass es sich dabei um eine wahre Geschichte handelt – nur um eine nette Erzählung, die geschrieben wurde, um zu lehren, wie ein mittelalterlicher König und seine Adligen in einer idealen mittelalterlichen Gesellschaft handeln sollten, auch wenn einige ihrer Mitglieder moralische Schwächen hatten.

HEILIGE SCHRIFT UND GESCHICHTE

Ich zögere, die Heilige Schrift in die oben stehende Liste aufzunehmen, weil sie als „Wort Gottes in menschlichen Worten" wirklich eine Klasse für sich ist. Aber es ist wichtig, sich vor Augen zu halten, dass sie ursprünglich für alte semitische Stämme geschrieben wurde, die manchmal nomadisch lebten und eine theokratische Weltanschauung und Regierungsform hatten. Diese heiligen Schriften boten eine gemeinsame religiöse und politische Identität und dienten als Mittel zur Rettung eines Volkes, das in gefährlichen, unberechenbaren Zeiten lebte – „irgendwie wird Gott uns/mich retten". Das Verständnis, das wir heute von Erlösung haben, hat sich jedoch erst im Laufe der Jahrhunderte entwickelt. Der antike Glaube an den Hades ist längst überholt und selbst zur Zeit Jesu glaubten die Sadduzäer nicht an die Auferstehung.

Wenn Sie wortwörtlich an die Schöpfungsgeschichte der Genesis glauben wollen, so steht Ihnen das frei. Aber die Wissenschaft hat gezeigt, dass tatsächlich etwas anderes passiert ist. Wenn Sie die gesamte Geschichte des Exodus glauben wollen, steht Ihnen das ebenso frei. Aber es gibt andere Theorien darüber, wie der Auszug aus Ägypten stattgefunden hat. Wenn Sie an die Wunder und Plagen von Moses und Aaron glauben wollen, können Sie das tun. Aber das Studium der Geschichte zeigt, dass Gott in anderen Epochen der Geschichte keine so dramatischen Wunder bewirkt hat. Nicht einmal für die Juden, als sie über Jahrhunderte verfolgt wurden.

Das Neue Testament gilt als historisch zuverlässiger als das Alte Testament, da es im 1. Jh. n. Chr. geschrieben wurde. Dennoch muss es professionell interpretiert werden, wobei hier die gleichen Grundsätze der Auslegung wie beim Alten Testament gelten. (Eine gute Quelle für hermeneutische Prinzipien ist *The New Jerome Biblical Commentary*). Es ist wichtig, dass Laien sich auf die Arbeit von Gelehrten und Bibel-Kommentatoren verlassen, die ihr akademisches und religiöses Leben mit dem Studium dieser alten Dokumente verbringen, und eigene Ansichten und subjektive Interpretationen ignorieren. Selbst wenn es um die Geistlichkeit in der Bibel geht, sollte die Auslegung sachkundigen Personen überlassen werden.

~

Zusammengefasst lassen sich folgende wichtige Punkte festhalten:

(1) Die beiden wichtigsten Grundsätze, derer man sich in Bezug auf die Heilige Schrift stets erinnern sollte, sind: (a) die Auslegung ist entscheidend und (b) sämtliche Übersetzungen sind bereits Auslegungen.

(2) Die Heilige Schrift ist weder ein Geschichtsbuch noch ein wissenschaftliches, psychologisches, literarisches oder sonstiges Werk, das in einem akademischen Fachbereich außer der Bibelwissenschaft, der Theologie und der Religion einzuordnen ist.

(3) Die Bibel ist eine Bibliothek von Büchern, die uns geistliche Wahrheiten lehren, die zur Erlösung führen. Einige dieser Bücher sind fiktionale Werke (Hiob, Tobit, Esther). Aber auch Fiktion kann Wahrheit lehren. Es gibt darin auch Sachbücher (Evangelien, Schriften des Neuen Testaments), aber wir müssen sorgfältig abwägen, wie wörtlich wir diese Berichte und Briefe nehmen. Sachbücher müssen nicht unbedingt den Tatsachen entsprechen, so wie Fiktion nicht unbedingt falsch sein muss.

(4) Wir verwenden die Heilige Schrift heute etwas anders als früher. Sie ist für uns eine historische Quelle unseres jüdisch-christlichen Erbes und sie dient als Wegweiser zum Heil, der richtig interpretiert werden muss. Die Hebräer des Alten Testaments strebten nach dem Heil, aber ihr Verständnis davon unterschied sich von dem der christlichen Juden des Neuen Testaments und seit dem ersten Jahrhundert nach Christus hat sich diese Lehre noch weiterentwickelt.

~

Nichts von dem Vorangegangenen sollte desillusionieren. Die Autoren der Heiligen Schrift waren vor allem Menschen, die ein menschliches Leben führten. Es ist sehr unwahrscheinlich, dass sie übernatürliche Phänomene anders erlebten als wir. Es mag den Chancen, ein Heiliger zu werden, nicht schaden, an die Bibel als wörtliche Geschichtsquelle zu glauben. Aber man kann davon ausgehen, dass Gott mit den Menschen in jedem Zeitalter auf dieselbe Weise umging wie mit uns heute. Das Rote Meer hat sich mit ziemlicher Sicherheit nicht so geteilt, wie es im Film *Die zehn Gebote* dargestellt wurde. Es ist unbestreitbar, dass Gott manchmal Wunder tut, aber sie sind meist – wenn nicht immer – subtiler. Gott ist in der stillen, kleinen Stimme zu finden (1. Könige 19,12). Er scheint nicht gerade ein Entertainer zu sein.

Zumindest nicht auf dieser Seite der Ewigkeit.

21

Eine Fibel über das geistliche Leben, Teil 5

Leiden ist ein problematisches Thema, das angesprochen werden muss. Was immer man dazu sagen möchte, es ist schwierig, es ansprechend oder sogar erträglich klingen zu lassen, wenn das überhaupt möglich ist. Es ist auch schwierig, die Menschen davon zu überzeugen, dass persönliche Heiligkeit ein unermessliches, erstrebenswertes Gut ist, denn die Menschen sind im Allgemeinen faul, wenn es um geistliche Dinge geht, und sie wissen intuitiv, dass Heiligkeit Opfer und Leiden erfordert.

Der Weg zur Heiligkeit beinhaltet immer:

1. Opfer – etwas, was wir aus eigenem Antrieb aufgeben

2. Leiden – es kommt zu uns, ob wir nach Heiligkeit streben oder nicht

3. Verlust – etwas, was uns entweder als natürlicher Teil des Lebens oder von Gott zu unserem Wohl weggenommen wird

15. Spiritueller Grundsatz: Man muss etwas aufgeben, um etwas zu bekommen.

Wenn von uns erwartet wird, dass wir für unseren geistlichen Gewinn Leiden auf uns nehmen, ist es hilfreich, ein wenig über das Wesen des Leidens zu wissen. Der heilige Paulus spricht von zwei Formen des Leidens: eine, die zur Gerechtigkeit führt, und eine, die zum Tod führt. Die zweite Art, die zum Tod führt, sehen wir bei Übeltätern, die sich weigern, Buße zu tun, und sich damit selbst daran hindern, Gottes Gnade zu empfangen. Diese Art des Leidens kann in den schlimmsten Fällen zur Zersetzung der Persönlichkeit und zu schweren Geisteskrankheiten führen. (Das soll nicht heißen, dass alle Menschen mit psychischen Erkrankungen, selbst den schwersten, Sünder sind). Für Menschen, die keine Anzeichen von Zerrüttung oder Geisteskrankheit zeigen, erinnert uns der Heilige Johannes Vianney daran, dass auch weltliche Menschen ihr Kreuz zu tragen haben. Jedes Kreuz bringt eine Form von Leiden mit sich. Es gibt *Kreuze*, die nicht in den Himmel führen, aber dennoch Leiden mit sich bringen. Das meint der heilige Paulus mit der Art von Leiden, die zum Tod führen. Es gibt keine Erlösung oder Belohnung auf der anderen Seite des Kreuzes.

Dennoch kann diese Art von Kreuz von Nutzen sein. Gott lässt weltliche Leiden um eines geistlichen Gutes willen zu. Denke daran, dass Gottes Ziel immer die Rettung der Seele ist, nicht ihr Tod. Er lässt Leiden zu, weil es ein Zeichen dafür sein kann, dass wir im Leben etwas falsch machen. Manche Menschen lernen nur durch Leiden, weil sie einfach nicht auf Rat, Ermahnung oder Beispiele reagieren. Es gibt Drogenabhängige, die sich in Kliniken begeben, aber noch nicht bereit sind, sich helfen zu lassen, weil sie den Tiefpunkt noch nicht erreicht haben. Erst an diesem Punkt sind manche Menschen bereit zur Umkehr und Buße und damit auch für die erste Art von Leiden, die zu Rechtschaffenheit, Heilung und Ganzheit führt.

> **16. Spiritueller Grundsatz**: In jedem Kreuz steckt mindestens eine Gnade.

Leiden, das zur Gerechtigkeit führt, ist eine Teilhabe am Kreuz Christi und ist für eine Seele sehr gewinnbringend, weil es drei wichtige Vorteile für das geistliche Leben hat:

1. Es reinigt, säubert und heilt die Seele.
2. Es löst die Seele von der ungesunden Anhaftung an geschaffene Objekte, die uns dazu verleiten können, sie über Gottes Willen zu stellen.
3. Es zähmt die Seele und macht sie fügsam und empfänglich für die göttliche Gnade.

Diese drei Vorteile sind von immenser Bedeutung und ihr Wert kann gar nicht hoch genug eingeschätzt werden. Obwohl das Leiden schwierig und unwillkommen ist, belohnt Gott es sehr. Und so sollte es auch sein. Denn warum sollte Gott seine besten Gaben für einfache Dinge geben? Das normale menschliche Leben funktioniert selten auf diese Weise. Die besten Dinge im

Leben erfordern eine gewisse Form von Anstrengung, Aufopferung und Leid. Das Gleiche gilt für das geistliche Leben. Die besten Dinge im Leben sind nicht einfach und kostenlos. Und auch die besten Dinge im geistlichen Leben erfordern Anstrengung und Opfer. Unser Herr offenbarte der Heiligen Faustina, dass er nicht für gute Gefühle und Erfolg belohnt, sondern nur für Arbeit, Mühsal, Geduld und guten Willen. So wie die Sünde eine Strafe in sich trägt, die nicht direkt von Gott auferlegt wird, so bringt auch das Leiden seine eigenen Belohnungen mit sich, obwohl nur Gott allein die Macht hat, sie im geistlichen Leben wirksam werden zu lassen. „Denn getrennt von mir könnt ihr nichts tun" (Johannes 15,5).

Wir finden in der christlichen Tradition Beispiele von Heiligen und heiligen Menschen, die den Nutzen des Leidens preisen und lehren, dass die Menschen das Leiden begehren würden, wenn sie nur seinen wahren Wert kennen würden. Die Heilige Rosa von Lima zum Beispiel schrieb:

> Alle Menschen sollen wissen, dass die Gnade nach der Bedrängnis kommt. Sie sollen wissen, dass es ohne die Last der Bedrängnis unmöglich ist, die Höhe der Gnade zu erreichen. Sie sollen wissen, dass die Gaben der Gnade in dem Maße zunehmen, wie die Kämpfe zunehmen ... Ohne das Kreuz können sie keinen Weg finden, um zum Himmel aufzusteigen ... Wir können die Gnade nicht erlangen, wenn wir nicht Bedrängnisse erleiden ... Wir müssen Mühe auf Mühe häufen, um eine tiefe Teilhabe an der göttlichen Natur [Heiligkeit] zu erlangen ... Niemand würde sich über sein Kreuz oder über die Mühen beklagen, die ihm

widerfahren können, wenn er die Waage kennen würde, auf der sie gewogen werden, bevor sie an die Menschen verteilt werden. (*Stundengebet*, Amt der Lesungen, 23. August, Gedenktag der Heiligen Rosa von Lima)

Franz von Sales hob ebenfalls den Wert des Leidens hervor, als er uns riet, einen lebendigen Tod und ein sterbendes Leben zu leben. Das klingt nicht sehr verlockend, aber wir müssen bedenken, dass er im Lichte der neutestamentlichen Episteln lehrt, die besagen, dass wir uns dem gekreuzigten Christus anpassen müssen, der „lernte, obwohl er Sohn war, an dem, was er litt, den Gehorsam" (Hebräer 5,8).

Obwohl Leiden für das geistliche Leben nützlich ist, raten christliche geistliche Führer, dass wir niemals darum bitten sollten, auch nicht für den Zweck der Heiligkeit oder Läuterung. Sie raten uns stattdessen, Gott entscheiden zu lassen, wann er uns Prüfungen und Bedrängnisse schickt. Er wird immer das passende Stück zur rechten Zeit schicken, wenn wir glauben. Es ist unsere Aufgabe, wachsam zu sein und unser Möglichstes zu tun, um seinen Willen zu erfüllen.

17. Spiritueller Grundsatz: Was immer man braucht, schickt Gott.

In der christlichen Literatur finden wir eine gesunde und pragmatische Sichtweise des Leidens, die ermutigend und tröstlich ist. Der heilige Augustinus und viele andere erinnern uns daran, dass Leiden unvermeidlich ist und wir es in Übereinstimmung mit

Gottes Willen und zu unserem geistlichen Nutzen ertragen können. In einem seiner Kommentare zu den Psalmen spricht er davon, dass unsere Pilgerreise auf der Erde nicht frei von Prüfungen ist. Wir schreiten durch diese Prüfungen voran. Niemand erkennt sich selbst, wenn er nicht geprüft wird, oder empfängt eine Krone, wenn er nicht gesiegt hat, oder kämpft, wenn er nicht gegen den Feind oder Versuchung kämpft (*Stundengebet*, Amt für Lesungen, Erster Fastensonntag).

Wie man einen geistlichen Schlachtplan zeichnet

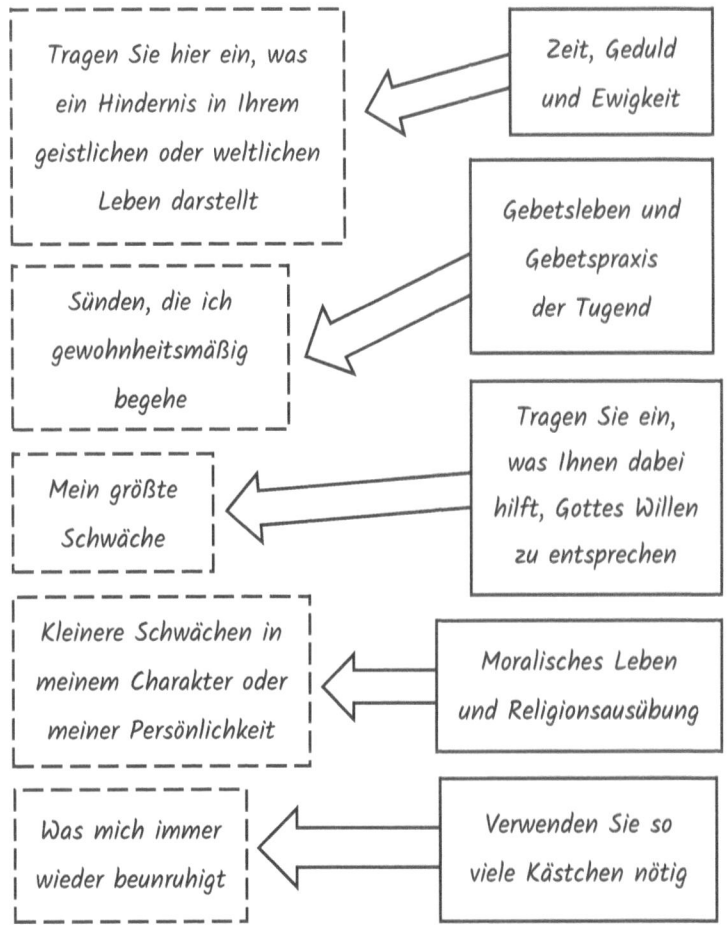

Geistlicher Schlachtplan (Jahr 20xx)

22

Genügend Zeit

In den höllischen Regionen, wo die Hölle wohnt,
    Rebellieren diese ewigen Geister
        Gegen alles, was gut ist.

Und auf seinem Nachttopf sitzt er,
    Die erste Gegenstimme gegen die Drei.
        Auf seinem schwefelhaltigen Thron.
        Alleine.
        Denn anders möchte er es nicht haben.

Einmal rief er zu seinem Platz
    Diejenigen ohne Füße,
        Die nicht vor ihm fliehen können.
    Um ihre Meinung einzuholen
        Darüber, wie er seine tägliche Ernte steigern kann.

„Sagt es mir, Drohnen!", donnerte er,
  „Wie können wir sie zum Narren halten?
    Stellt eure Gedanken in Frage,
Um sie in größerer Zahl hierherzubringen.
    Auf unser eisiges Schiff, das zerbricht!"

Zuerst näherte man sich zitternd
  Und nicht frei.
    Man sprach zu ihm mit vulkanischer Wut,
      Die das Fleisch von Stieren verzehren kann:
„Sagt es ihnen, Herr,
  Es gibt keinen Teufel."

„Dummkopf!", in feurigem Atem ausgespuckt.
  Aus dem Mund desjenigen, der nur schreit.
    „Bewährt und wahr
      Viele sind an dieser Lüge gestorben
        Und wir wurden gebraten!
Narr! Hinfort! Damit die Hitze meiner
    glühenden Majestät deine Fantasie anregt!"

Ein weiterer, weniger mutiger als der Erste näherte sich ihm
    aus dem Feuer mit großem Durst
  Und sprach zu dem, der nicht hört.
    Dem niemand lieb ist.

„Prinz der Diebe und Stammesfürst
    Seht das Schwert
        Der Stolz wird sie anschwellen lassen
    Amputiere sie von ihrem Schöpfer
        Sag ihnen, dass es keine Hölle gibt."

„Ignoramus!", sagte er,
    Der an den Baum genagelt war.
        Er, der die Liebe ist.
    „Denkst du nicht, wie bewährt und wahr
        Die wenigen Auserwählten sind?
            Wir haben sie mit dieser Speise verführt!"
„Weg mit dem Tier.
    In den Käfig von Qualen und Wut.
        Schmore in Agonie!"

Endlich ein Dritter ohne Sinn.
    Er nähert sich dem, der sich nicht dem Schwert oder
        Schild beugt oder nachgibt,
            Weil er voll des Glaubens oder der Hoffnung ist.

„Führe sie in Versuchung, König der Sünde,
    Und zu dieser ewigen Tonne.
        Dann wirf sie in den Hass
    Und erzähle ihnen das Lied:
        Es ist noch viel Zeit."

23

Wir-Sie

Es scheint, dass die Menschen immer auf der Suche nach einem Wir-Sie-Szenario sind. Wir scheinen ein Gefühl für unsere individuelle und Gruppenidentität zu entwickeln, indem wir uns im Gegensatz zu einer anderen Person oder Gruppe definieren, die wir in irgendeiner Weise als minderwertig einstufen. Wir fühlen uns besser, wenn wir nicht so sind wie diejenigen, die wir abgrenzen, ausgrenzen, verleumden und manchmal dämonisieren. Wir haben das Gefühl, dass unser Platz in der Welt sicherer ist, wenn wir Teil von etwas sind, das viel größer ist als wir selbst. Und was auch immer wir sind, wir sind nicht *sie*. Ablehnung folgt dieser Weltanschauung.

Es ist, als ob wir uns jemandem oder etwas überlegen fühlen müssten, weil Demut von Natur aus nicht zu unserem Kalkül gehört. Wir haben uns im Laufe der Geschichte in Stämmen, Clans, Dörfern, Städten, Stadtstaaten, Königreichen, Imperien und Nationen zusammengeschlossen. Wenn wir nicht gerade Krieg gegen die anderen führen, sind wir in einer Mannschaft oder

Fans einer solchen oder Mitglieder einer politischen Partei und wir definieren uns unter anderem dadurch, dass wir nicht die andere Mannschaft oder Partei sind. Wir bilden Cliquen, Klubs, Gemeinschaften, Gruppen und Kreise – alles in dem Bemühen, ein Gefühl der Zugehörigkeit zu erlangen, unser grundlegendes menschliches Bedürfnis nach Sicherheit und Geborgenheit zu befriedigen und uns durch das zu definieren, was wir nicht sind – sie. In der Menge liegen Kraft und Identität.

An der Wurzel all dessen steht das Grundprinzip der gesamten Geschichte: der Konflikt zwischen Gut und Böse. Ebenfalls an der Wurzel liegt die binäre Natur unserer spontanen, inneren Bewegungen in Richtung Gut und Böse und unserer daraus folgenden Willensakte. Ein Problem entsteht, wenn unser Verständnis von Gut und Böse falsch ist oder wir uns nicht für das wahre Gute entscheiden, obwohl wir wissen, was es ist.

Das horizontale Wir-Sie-Paradigma in der säkularen Gesellschaft entspricht dem vertikalen Ich-Du der Religion, in der wir zu Gott als dem höchsten Du aufschauen. Im Wir-Sie-Szenario betrachten wir andere Menschen als *anders* oder manchmal *völlig anders*. Das Wir-Sie-Szenario wird oft von einem Gefühl der Ausgrenzung und Ablehnung begleitet, während das Ich-Du-Szenario von einem Gefühl der Ehrfurcht und des Staunens begleitet wird. Gott wird als das unverständliche höchste Wesen, als das höchste Andere und als das völlig Andere gesehen.

Das Wir-Sie-Paradigma gilt in der Religion genauso wie in der säkularen Gesellschaft. Im Christentum hat dies historisch die

Form eines Kirche-Welt-Paradigmas angenommen, bei dem jeder, der nicht Mitglied der Kirche ist, per definitionem ein Mitglied der Welt ist. Dieses Paradigma wird auch im Sinne von sakral-säkular oder heilig-profan verstanden. Die Welt hat etwas von der *Andersartigkeit*, als ob es außer der Religion nichts gäbe, was uns eint. Sie ist seltsam, fremd und voller potenzieller und tatsächlicher Feinde. Dieses *Anderssein* hat seine Wurzeln in den Schriften des Neuen Testaments und den Schriften der frühen christlichen Evangelisten sowie Theologen und wird durch sie verstärkt. Aber es hatte für sie eine Realität und Bedeutung, die wir im 21. Jh. nicht mehr erfahren können. Ein Abschnitt aus einer Predigt des Heiligen Cyprian, eines Bischofs von Karthago, der im dritten Jahrhundert lebte und als Kirchenvater anerkannt ist, veranschaulicht diese Haltung:

> Die Welt hasst die Christen. Warum also sollten sie ihr Liebe schenken, anstatt Christus zu folgen, der sie liebt und sie erlöst hat? Johannes ist in seinem Brief sehr eindringlich, wenn er uns sagt, dass wir die Welt nicht lieben sollen, indem wir uns sinnlichen Begierden hingeben. „Gebt niemals eure Liebe der Welt oder irgendetwas in ihr", warnt er. „Ein Mensch kann nicht den Vater und gleichzeitig die Welt lieben. Alles, was die Welt bietet, ist die Lust des Fleisches, die Lust der Augen und irdischer Ehrgeiz. Die Welt und ihre Verlockungen werden vergehen, aber der Mensch, der den Willen Gottes getan hat, wird ewig leben." (*Stundengebet*, Offizium der Lesungen, Freitag der 34. Woche der gewöhnlichen Zeit)

Eine solche Sichtweise in der modernen Welt widerspricht der Vernunft, wenn wir bedenken, dass die Kirche immer in der Welt und die Welt immer in der Kirche war. Außerdem war die Welt nicht immer böse und es gibt viel Gutes in der Welt, während die Kirche nicht immer gut war und es Böses in der Kirche gibt. Die beiden sind untrennbar miteinander verbunden und so scheint es auch Gottes Wille zu sein. „Denn Gott hat seinen Sohn nicht in die Welt gesandt, dass er die Welt richtet, sondern dass die Welt durch ihn gerettet wird" (Johannes 3,17).

Es ist unvermeidlich, dass Menschen Wir-Sie- und Ich-Du-Paradigmen bilden, und es wäre sinnlos, für ihre Abschaffung einzutreten. Vielleicht liegt es daran, dass sie in der menschlichen Natur verwurzelt sind? Oder vielleicht entstehen sie aufgrund der Verdorbenheit unserer Welt und des grundlegenden und uralten Konflikts zwischen Gut und Böse. Wir benötigen einen psychologischen und geistigen Unterscheidungs-Mechanismus, auch wenn dieser Mechanismus allein nicht zum wahren Guten führen kann. Intellekt und Vernunft sind dafür notwendig.

Ich möchte hier einen vorteilhaften Weg vorschlagen, um den Unterscheidungsmechanismus der Wir-Sie-Paradigmen zu nutzen. Wir sollten der Versuchung widerstehen, Glauben, Rasse, Hautfarbe, Kaste, Beruf, Kultur oder andere Merkmale zur Grundlage der Wir-Sie-Paradigmen zu machen, die wir unweigerlich bilden werden. Wir werden uns natürlich zu denen hingezogen fühlen, die uns ähnlich sind. Aber ich habe den Eindruck, dass, wenn Menschen guten Willens aufeinandertreffen, alle Unterscheidungsmerkmale unwichtig werden und im Allgemeinen Einigkeit herrscht. Das Gegenteil trifft auf Menschen mit bösem Willen zu – oder es wird irgendwann der Fall sein –, selbst wenn sie durch engste Bande verbunden sind und soziale Gemeinsamkeiten teilen. Unser ultimatives Wir-Sie-Paradigma als Christen sollte zwischen Menschen guten Willens (Wir) und solchen bösen Willens (Sie) bestehen.

Bei Gott ist das wichtigste Unterscheidungsmerkmal in der Gesellschaft der gute und der böse Wille. Wir finden Gott dort, wo wir Menschen guten Willens finden, und wir erleben seine Abwesenheit bei Menschen bösen Willens. Das größte aller Übel ist die Abwesenheit Gottes und der Zustand, in dem die Abwesenheit Gottes in ihrer Fülle erlebt wird, ist die Hölle.

Wir sind als Christen aufgerufen, zu Hause und in der Gesellschaft die Grundlage des guten Willens zu sein und eine christliche Kultur zu fördern, damit Christus in der Welt leichter gefunden werden kann. Guter Wille und christliche Kultur sind in jedem Zeitalter zu finden. Auch unter Menschen, die sich nicht zum Christentum bekennen. Das liegt daran, dass Christus zu jeder Zeit daran arbeitet, Seelen zu retten – nicht nur während seines irdischen Lebens, sondern auch durch seinen Heiligen Geist und durch diejenigen zu jeder Zeit und an jedem Ort, die sein Wort in ihrem Herzen hören (Römer 2,12–16).

Wenn wir unser grundlegendes Wir-Sie-Paradigma in Menschen guten und bösen Willens umdefinieren, können wir auch in Erwägung ziehen, unser Kirche-Welt-Paradigma in christliche-nichtchristliche Kultur umzuwandeln. Wir werden feststellen, dass dies sowohl für unsere sozialen Interaktionen in der Welt als auch innerhalb der Kirche gilt und dass eine christliche Kultur in der Welt ebenso zu finden ist wie eine nichtchristliche Kultur in der Kirche.

~

Und die zentrale Botschaft dieses Buches und aller Bücher dieser Reihe ist: Wenn Sie sich inspiriert fühlen, Ihr Leben mehr für Gott zu leben und den Weg der Heiligkeit zu gehen, müssen Sie keine Heilige Heldin wie Jeanne d'Arc sein, die auf dem Scheiterhaufen verbrannt wurde, nachdem sie von ihren eigenen Landsleuten an ihre Feinde ausgeliefert worden war. Sie müssen auch nicht Thomas More sein, der wegen seines Glaubens von dem König, dem er diente, enthauptet wurde. Sie müssen auch nicht Jesus von Nazareth sein, der von den religiösen Führern seiner Zeit gekreuzigt wurde, nachdem sie ihn an einen fremden Besatzer ausgeliefert hatten, und Sie müssen auch nicht Maximilian Kolbe sein, der sein Leben opferte, damit das Leben eines anderen gerettet werden konnte. Sie müssen kein Missionar oder Geistlicher sein, und vielleicht sind Sie nicht einmal dazu berufen, Ihr Zuhause und das Leben, Sie jetzt führen, zu verlassen.

Aber Sie müssen guten Willen zeigen. Und Sie müssen die Goldene Regel befolgen und nach den beiden großen Geboten der Liebe leben.

Das Erkennungsmerkmal eines Heiligen ist die Praxis des guten Willens. Alle Heiligen haben dies gemeinsam – unabhängig von ihren persönlichen und historischen Umständen. Sie praktizierten guten Willen vor allem dann, wenn sie mit bösem Willen konfrontiert wurden. Und je mehr guten Willen sie zeigten und je mehr bösem Willen sie gegenüberstanden, desto heroischer war ihre Nächstenliebe. Heroische Nächstenliebe – die wesentliche Voraussetzung für einen Kandidaten der Heiligkeit – ist die Ausübung guten Willens im Angesicht bösen Willens in einem heroischen Ausmaß. Je größer die heldenhafte Nächstenliebe, desto größer der Heilige.

Der gute Wille ist die Feder, mit der die Geschichte eines jeden Heiligen geschrieben wird, und die Feder, mit der Gott seinen Willen in unser Leben schreibt, ist die Feder der Gnade.

Glauben Sie an Wunder?

   Glauben Sie an den guten Willen?

      Wollen Sie den Weg der Heiligkeit gehen?

         Wollen Sie ein Heiliger werden?

Dann, wenn Gewitterwolken drohen und es um Sie herum eng wird
   Und der Himmel zu bersten droht
      Und der Sturm mit drohendem Unheil droht,
         Wissen Sie, dass für sie die Sonne scheinen wird.
Denken Sie nicht daran, ihn zu bitten, es wegzunehmen.
   Bitten Sie ihn stattdessen darum, Ihnen dabei zu helfen.
      Denn Stürme können Geschenke im Verborgenen sein
         Und Sie müssen ihm vertrauen.
Praktizieren Sie Himalaya-Glauben.
   Glaube, so hoch und so breit wie ein Berg.
      Aber selbst, wenn Ihr Glaube nur so groß ist wie ein Senfkorn, seien Sie gewiss, dass es genug ist.
      Denn es geht nicht um die Größe des Geschenks, nach dem er sucht.
      Und ein Scherflein war alles, was die Witwe hatte.
Bitten Sie mit Vertrauen und Ihre Bitte wird erhört werden.
   Ihre Gebete werden erhört,
      Ihr Glaube wird Sie retten
         Und alles wird gut werden.

Und wenn Sie auf Ihren letzten Tag zurückblicken,
　In der Stunde, in der Sie zu ihm gehen,
　　Werden Sie sich an die Stürme erinnern
　　　Und Sie werden sich an seine Liebe erinnern
　　　　Und Sie werden wissen, dass Sie immer
　　　　　in der Hand Gottes waren.

24

Eine Fibel über das geistliche Leben, Teil 6

Wenn es um das endgültige Urteil geht, gibt es nichts Wichtigeres im Leben als Beziehungen, insbesondere unsere Beziehung zu Gott. Das Studium der menschlichen Beziehungen ist, wie das Studium der Liebe, sowohl eine Wissenschaft als auch eine Kunst. In diesem Abschnitt werde ich den Unterschied zwischen Reue und Vergebung einerseits und Reue und Versöhnung andererseits erörtern.

Im Evangelium heißt es, dass wir siebzigmal siebenmal vergeben sollen (Matthäus 18,21–22). Unser Herr war sich darüber im Klaren, dass Vergebung obligatorisch ist (Matthäus 6,15), aber er riet uns auch, reuelose Sünder zu meiden (Matthäus 18,15–17). Wie können wir diese scheinbar widersprüchlichen Gebote also miteinander in Einklang bringen?

Obwohl wir verpflichtet sind, jedes Mal zu vergeben, wenn eine Person Reue zeigt, sind wir nicht verpflichtet, uns mit ihr zu versöhnen, wenn sie keine Reue zeigt. Gewissensbisse sind nicht dasselbe wie Reue. Reue ist ein *Gefühl* des Bedauerns oder der

Buße. Reue bedeutet, *sich aktiv zu bemühen*, nicht mehr falsch zu handeln. Es gibt Menschen, die Reue zeigen, dann aber weiter Unrecht tun. Wir sind nicht verpflichtet, uns mit diesen Menschen zu versöhnen, und es ist vollkommen gerechtfertigt, ihnen körperliche, psychologische und soziale Grenzen zu setzen, solange wir angemessene Maßnahmen ergriffen haben, um den Missetäter zu korrigieren und ihn zur Reue zu bringen.

Es ist nichts Unchristliches oder Liebloses daran, Grenzen zu setzen. Der Fortschritt im geistlichen Leben hängt davon ab, dass man lernt, angemessene Selbstliebe zu praktizieren, und diese erfordert manchmal auch das Setzen von Grenzen. Selbst wenn ein Missetäter eine schwere Sünde gegen uns begangen hat und keine Anzeichen von Reue zeigt, ist es uns erlaubt, Grenzen zu setzen, um sicherzustellen, dass dies nicht wieder geschieht. So wie es Wunden gibt, die die Zeit nicht heilen kann, und Wunden, die Gottes Gnade in diesem Leben nicht vollständig heilen wird, so gibt es auch Beziehungen, die dauerhaft beschädigt sind und durch menschliche Bemühungen allein nicht wiederhergestellt werden können. Manche Differenzen sind unüberbrückbar und nur Gottes Eingreifen und seine Gnade können Versöhnung bringen.

Versöhnung ist weniger ein Ereignis, das in einem Augenblick eintritt, sondern eher ein Prozess und ein Projekt, wie die meisten Dinge im Leben. Es gibt Zeiten, in denen wir die andere Person besser Gott und dem Wirken der Zeit und der Gnade überlassen. Wir können nur hoffen, dass zu gegebener Zeit der Weizen der

Bekehrung und der Reue von der Spreu der Trägheit und der Selbstgefälligkeit getrennt wird.

Eine Versöhnung ist möglicherweise nicht möglich, wenn:

- Kein Versuch der Milderung oder Reparatur unternommen wird
- Keine Demut oder Reue vorhanden ist
- Keine Reue oder ein Wandel besteht
- Gegenseitige Antipathie / Abneigung herrscht
- Antagonismus vorherrscht
- Gegenseitiges Misstrauen oder
- Gegenseitige Abscheu besteht

In schwierigen Beziehungen, wenn alles andere versagt, können wir immer guten Gewissens Schweigen und Distanzierung üben. Wenn Tugend nichts anderes ist als wohl ausgerichtete Liebe, wie die Heilige Faustina schrieb, dann ist die beste Form der Liebe manchmal das Schweigen, so wie Jesus bei seinem Prozess vor den Mitgliedern des Sanhedrins Schweigen übte. Nach dem Heiligen Augustinus besteht die Liebe darin, das Wohl des anderen zu wollen. Aber das Wohl von Menschen zu wollen, die unerbittlich böse sind, bedeutet nicht, dass wir mit ihnen sprechen oder mit ihnen verkehren müssen. „Die Liebe ist langmütig, die Liebe ist gütig, sie neidet nicht, die Liebe tut nicht groß, sie bläht sich nicht auf, sie benimmt sich nicht unanständig, sie sucht nicht das Ihre, sie lässt sich nicht erbittern, sie rechnet

Böses nicht zu" (1. Korinther 13,4–5), und die Liebe der „Samariter" (Lukas 10,29–37). Wenn ein Sünder in großer Not ist, sollten wir ihm Hilfe anbieten. Aber wir müssen ihm keine sozialen Belohnungen anbieten. Die neutestamentliche Liebe verlangt keine Versöhnung mit Menschen, die einfach nicht umkehren wollen.

Es ist auch wichtig, zu wissen, dass ein Mensch, der guten Mutes ist, nicht unbedingt ein Mensch guten Willens ist. Die neutestamentliche Liebe ist viel mehr als Zuneigung oder bloße Gefühle oder Emotionen. Wir offenbaren uns durch unser Handeln. Selbst Sünder können Zuneigung zeigen, wenn sie andere manipulieren oder betrügen wollen. Wahre Liebe wird in der Not erprobt und gerade in der Not offenbaren wir unseren wahren Charakter. Menschen, die gefühlsmäßige Liebe zeigen, aber keine wirksame oder neutestamentliche, sollten mit einer gewissen Zurückhaltung behandelt werden. Es ist uns erlaubt, Grenzen zu setzen und die Versöhnung mit ihnen abzulehnen, wenn sie weiterhin dazu neigen, sich falsch zu verhalten. Eine angemessene Liebe zu sich selbst erfordert, dass wir „falsche Freunde" und „geschenkte Gäule" erkennen.

Wenn es um Feinde geht, ist die Rache der Christen unsere Vergebung. Sie ist Erfolg im moralischen und geistlichen Leben. Und nach George Herbert ist sie die beste Rache eines gut gelebten Lebens … Aber das bedeutet nicht, dass wir uns mit unseren Feinden versöhnen müssen, wenn sie sich weigern, Buße zu tun. Wenn wir nichts anderes tun können, dürfen wir sie auch geduldig ertragen und dem Bösen erlauben, sich zu erschöpfen.

Auch dieser Moment wird vorübergehen.

Manchmal besteht die Goldene Regel darin, Sünder geduldig in Stille und Distanz zu ertragen:

- Behandle andere so, wie du von ihnen behandelt werden möchtest
- Tu anderen nicht an, was du selbst nicht magst
- Was du nicht willst, dass man dir tu, das füg auch keinem anderen zu
- Wenn alles andere versagt, überlasse diese Person Gott (die endgültige Lösung)

25

Der Gott der zweiten Chancen

Wenn Sie etwas Falsches getan haben – und sei es ein Leben lang – und eine zweite Chance suchen, seien Sie sich dessen sicher, dass Sie immer eine Chance haben, die Ihnen niemand in Zeit oder Ewigkeit nehmen kann. Gott schenkt stets den gegenwärtigen Augenblick. Wir sollten deshalb immer die Goldene Regel beachten und die beiden großen Gebote der Gottes- und Nächstenliebe befolgen. Es liegt immer in unserer Macht, unser bestes Verhalten an den Tag zu legen und uns nach unseren Möglichkeiten zu bemühen. Wir können immer die Wahrheit mit Bedacht und Liebe sagen, vernünftig sein und mit guten Absichten handeln, mit anderen zusammenarbeiten, Respekt zeigen, guten Willen üben, demütig und nicht arrogant sein und vor allem auf den Gott der zweiten Chance vertrauen.

Es mag ein Leben lang dauern, aber was ist schon dieses kurze Leben im Vergleich zu den unendlichen Epochen und Zeitaltern, die uns in der Ewigkeit erwarten? Nichts in diesem Leben ist endgültig, vollendet, absolut oder abschließend, bis Gott es so will.

Die Beziehungsleiter

Die wichtigste Priorität im Leben sind Beziehungen

Links	Leiter	Rechts
Christliches und erwachsenes Verhalten	Freundschaft zu Gott	Hoher Standard der moralischen und sozialen Interaktion
Christliche Begleitung Heilige des Neuen Testaments	Bescheidenheit	Intellektuelle Tugend Moralische Tugend Soziale Tugend
Kollegiale Bekanntschaften und Partnerschaften	Wohltätigkeit	Gegenseitige Unterstützung
Gute Bedingungen Geschwisterliches Verhältnis Positive Wertschätzung	Tugend	Bindungen der Zuneigung, des Vertrauens und des Respekts
Intellektuelle und moralische Verwerfungen	Narzissmus	Normal, anständig, intelligent und wertvoll
Unerlaubtes Eindringen und Übertretung	Laster	Ausdrucksweise
Geduld Nachsicht Schweigen Abgrenzung	Bosheit	Egoistisches und arrogantes Verhalten
	Sünde	Böses aufgedeckt ist Böses abgetan Land der Verwüstung
Fremde und Feinde	Dämonisch Diabolisch Hölle	Punkt, an dem es kein Zurück mehr gibt

Es ist unmöglich, sich mit unerbittlichem Hass zu versöhnen.

26

Eine Fibel über das geistliche Leben, Teil 7

Der heilige Benedikt rät seinen Mönchen, den Tod täglich vor Augen zu haben (*Regel des heiligen Benedikt,* 4). Dieses tägliche Bewusstsein des Todes ist nicht gleichbedeutend mit einer morbiden Faszination oder einer düsteren Vorahnung, sondern eine geistliche Disziplin, die auf der richtigen Liebe zu sich selbst beruht. Auch die *Vorbereitung auf den Tod* des heiligen Alfonsus Liguori soll keine pessimistische Haltung fördern, obwohl er im 18. Jh. schrieb und zeitgenössische Leser Schwierigkeiten mit seiner Ausdrucksweise haben könnten.

Eschatologie (griech. *eschaton*, endgültig oder zuletzt) ist ein Themenbereich der Spiritualität, der zwei Bedeutungen hat:

1. Die Endzeit oder das endgültige Kommen Christi
2. Die vier letzten Dinge: Tod, Gericht, Himmel und Hölle

Das Eschaton ist eine Realität, die die meisten Menschen gerne vergessen oder übersehen würden. Aber richtige Selbstliebe erfordert, dass wir uns bemühen, uns auf den wichtigsten Tag unseres Lebens vorzubereiten: den Tag, an dem wir von dieser Welt in die Ewigkeit übergehen.

Der Heilige Johannes vom Kreuz sagte, dass wir vor dem Jüngsten Gericht in Liebe geprüft werden. Und ein Teil dieser Prüfung wird sein, festzustellen, wie gut wir unser geistliches Leben gepflegt haben. Werden unsere Prioritäten im Leben Gottes Liebe, Gottes Wille und Gottes Herrlichkeit gewesen sein? Oder vielmehr Selbstliebe, Eigenwille und Selbstverherrlichung? Die Lebenseinstellung „jetzt spielen, später bezahlen" könnte teuer werden und die Rechnung wird bald fällig. Vor dem Jüngsten Gericht wird die Wahrheit über unser Leben vor der Wahrheit selbst offenbart werden. Es wird kein Argument, keine Debatte und vielleicht nicht einmal eine Diskussion geben. Wir werden uns so sehen, wie wir wirklich sind. Nicht so, wie wir uns sehen wollen, sondern so, wie Gott uns sieht. Und die Konsequenzen werden tiefgreifend sein. Ein Tag des Leidens im nächsten Leben wird uns all die Freuden vergessen lassen, die wir auf der Erde erlebt haben. Viele Menschen verbringen den größten Teil ihres Erwachsenenlebens damit, sich auf den Ruhestand vorzubereiten, aber sie haben den Tod nicht täglich vor Augen. Doch richtige Selbstliebe verpflichtet uns, uns auf den Tod vorzubereiten.

Die Heilige Schrift lehrt uns, dass das menschliche Herz ein Geheimnis ist, und die geistlichen Führer lehren uns, dass wir nicht immer wissen, was tief in unserem Herzen liegt. Wir sollten nicht davon ausgehen, dass unser rationaler Verstand vor dem Jüngsten Gericht in der gleichen Weise tätig sein wird wie während unseres irdischen Lebens. Die Psychologie hat entdeckt, dass es in jedem von uns einen verborgenen Beobachter gibt, der alles, was wir tun, betrachtet und sich an alles erinnert. Das geistliche Leben lehrt, dass wir ein Gewissen haben. Und wir wissen nicht, wie unser Gewissen und unsere Seele funktionieren, wenn wir vom Körper getrennt werden und vor dem Gericht erscheinen.

Im spirituellen Leben bezeichnen wir das Gewissen als den tiefsten Kern unseres Wesens. Den Ort, an dem wir mit Gott kommunizieren. Vielleicht sind das Gewissen und der verborgene Beobachter ein und dieselbe Fähigkeit. Aber es ist sicher, dass es einen Teil der menschlichen Person gibt, in dem Erinnerungen gespeichert und moralisch bewertet werden, lange nachdem wir sie mit unserem bewussten Verstand vergessen haben. Keine Erinnerung wird wirklich ausgelöscht oder vergessen, und wir kommen nie wirklich von unseren Untaten los – trotz der menschlichen Vergesslichkeit und der Abwehrmechanismen, die wir einsetzen, um uns nicht mit ihnen auseinandersetzen zu müssen: Verdrängung, Projektion, Verleugnung, Ausweichen usw. Untaten können unser Urteilsvermögen und unsere Wünsche verzerren und selbst wenn wir tief nachdenklich und meditativ sind, wissen wir vielleicht immer noch nicht alles, was in uns liegt, einschließlich unserer tiefsten Sehnsüchte. Auf den Tod unvorbereitet zu sein, ist gefährlich. Einer der wichtigsten geistlichen Grundsätze ist:

> **18. Spiritueller Grundsatz**: Gott gibt uns stets das, was wir wollen.

Sind wir uns der Sehnsüchte, die tief in unserem Herzen liegen, wirklich bewusst? Wissen wir wirklich, was sich im Kern unseres gequälten Herzens befindet? Doch es gibt noch andere spirituelle Prinzipien, die ein Gegengewicht zum Geheimnis unserer inneren Natur bilden:

> **19. Spiritueller Grundsatz**: Gott belohnt die Mühe, nicht den Erfolg.

> **20. Spiritueller Grundsatz**: Für Gott ist nichts unmöglich.

Wenn wir uns den Tod täglich vor Augen halten und die rätselhafte Natur unseres inneren Wesens und die Tatsache, dass wir Unrecht getan haben, erkennen, darf das nicht zu einem Verlust der Hoffnung führen. Gott hat uns nicht für den Tod geschaffen und für ihn ist nichts unmöglich. Er wünscht sich die Anstrengung mehr als den Erfolg. Es liegt an Gott, den Zug zum Bahnhof zu bringen, aber wir müssen die Gleise legen. Unsere Anstrengung in der christlichen Nachfolge ist ein Symbol für unseren Wunsch, Gottes Plan für unser Leben zu erfüllen und gerettet zu werden.

Einer der Wüstenväter in der mönchischen Tradition lehrte, dass alles, was wir im Leben tun, ein Symbol dafür ist, wie sehr wir unsere Beziehung zu Gott schätzen und wie sehr wir gerettet werden wollen.

21. Spiritueller Grundsatz: Alles in diesem Leben ist ein Symbol.

Als Rahmen für die persönliche Meditation und als Möglichkeit, uns den Tod in Vorbereitung auf das Jüngste Gericht vor Augen zu halten, biete ich neun heilige Anliegen zum Nachdenken an. Diese werden in der Stunde des Todes gewiss von Bedeutung sein:

Die neun Heiligen Anliegen der menschlichen Person

Person	Wer jemand wirklich vor Gott ist; moralischer Charakter, Persönlichkeit und Fähigkeiten
Name	Der Ruf einer Person, der auf ihren inneren Handlungen und äußeren Taten im Leben beruht
Leben	Alles, was Gott und die Seele beim Jüngsten Gericht über das Leben eines Menschen sehen
Auftrag	Eine besondere Aufgabe oder ein Auftrag, für einige, aber nicht alle

Berufung	Der allgemeine Ruf zur Heiligkeit; die individuelle und besondere Berufung im Leben
Beziehung	Wie man in diesem Leben mit anderen in Beziehung stand und ihnen diente
Hingabe	Die Art und Weise, wie man in diesem Leben mit Gott verbunden war und ihm gedient hat
Formung	Wie eine Person im Laufe ihres Lebens geformt und geprägt wurde
Integrität	Heiligkeit, Grad der Läuterung, moralische und geistige Vollkommenheit usw.

Die neun heiligen Anliegen dienen als Kriterien, um darüber nachzudenken, wie viel Ruhm und Ehre wir für alle Ewigkeit erwarten. Je mehr wir mit Gottes Plan zusammenarbeiten und guten Willen zeigen, desto größer wird unser Ansehen in alle Ewigkeit sein, desto mehr Ruhm werden wir verdienen und desto mehr Ehre wird uns zuteilwerden. Nach den Lehren der Heiligen und christlichen geistlichen Führer haben solche Überlegungen nichts Egoistisches an sich.

Doch wenn unsere ewige Herrlichkeit wichtig ist, dann ist die Herrlichkeit Gottes unendlich viel wichtiger. Die gesamte Schöpfung existiert in erster Linie, um Gottes Herrlichkeit zu offenbaren.

22. **Spiritueller Grundsatz**: Gottes Herrlichkeit ist das zentrale und verbindende Prinzip der gesamten Schöpfung.

Die Herrlichkeit Gottes bezieht sich darauf, wie er in alle Ewigkeit bekannt sein wird. Das mag sich egozentrisch anhören – was so viel heißt wie gottbezogen –, aber nach dem Heiligen Irenäus besteht Gottes Herrlichkeit darin, dass die Menschen das Leben in Fülle haben sollen. *Leben oder das Leben haben* bedeutet in diesem Zusammenhang nicht nur zeitliches Leben, sondern auch Teilhabe an Gottes göttlichem Leben und Wesen (Heiligkeit), sowie an seiner Seligkeit für alle Ewigkeit (Herrlichkeit). So ist Gottes Herrlichkeit tatsächlich unser zeitliches und ewiges Gut. Er wird verherrlicht, wenn wir zur geistlichen Vollkommenheit gebracht werden.

Ich möchte diesen Teil der Fibel mit zwei Zitaten von Juliana von Norwich abschließen, die von der unergründlichen Barmherzigkeit Gottes sprechen:

23. **Spiritueller Grundsatz**: In der Ewigkeit ist die Sünde nichts.

24. **Spiritueller Grundsatz**: Alles wird gut, aller Art Dinge wird gut sein.

27

Schätze und Perlen

Im Matthäus-Evangelium lesen wir zwei der beruhigendsten Verse der gesamten Heiligen Schrift:

> Das Reich der Himmel gleicht einem im Acker verborgenen Schatz, den ein Mensch fand und verbarg; und vor Freude darüber geht er hin und verkauft alles, was er hat, und kauft jenen Acker. Wiederum gleicht das Reich der Himmel einem Kaufmann, der schöne Perlen suchte; als er aber eine sehr kostbare Perle gefunden hatte, ging er hin und verkaufte alles, was er hatte, und kaufte sie. (Matthäus 13,44–46)

Die Perle in dieser Passage war nicht wie der Schatz versteckt, sondern wurde von dem Kaufmann gefunden, der auf der Suche nach feinen Perlen war. In der antiken mediterranen Welt zur Zeit Jesu galten Perlen als das, was für uns heute Diamanten oder Gold sind. Ihr Wert bestand nicht nur in ihrem Geldwert, sondern sie wurden auch wegen ihrer Schönheit und Kostbarkeit hoch geschätzt. Eine Perle war für die Menschen im antiken Mittelmeerraum das, was wir heute als „so gut wie Gold" oder als „Goldstandard" betrachten würden. Sie war von unschätzbarem Wert.

Anders als die Perle war der Schatz absichtlich versteckt. Sie wurde wie viele Schätze in der Antike vergraben, um sie vor Dieben und umherziehenden Armeen zu schützen. Anders als der Kaufmann, der nach Perlen suchte, fand der Pflüger den Schatz durch Zufall. Beide sind Metaphern für die Art und Weise, wie Menschen zu Gott finden. Der Pflüger symbolisiert diejenigen, die nicht bewusst das Himmelreich suchen und so leben, als gäbe es keinen Tod, kein Gericht, keinen Himmel und keine Hölle. Dennoch hat Gott einen Plan für sie und er kann Gnadengaben senden, die im Moment wie Schätze aussehen mögen oder auch nicht, die aber später als Gaben Gottes erkannt werden. Mühsal, Verlust, Versagen und sogar katastrophale Ereignisse können am Ende unseres Lebens für unser ewiges Wohl wertvoller sein als Reichtum, Siege und Erfolg. Gott kann auch angenehme Schätze wie Freundschaften, einen idealen Arbeitsplatz, eine Mission, eine Berufung oder ein anderes wertvolles Gut schicken. Schätze gibt es in allen Variationen. Was immer wir brauchen, schickt Gott.

Der Kaufmann hingegen fand die Perle nach einer vorausschauenden Suche. Er steht für diejenigen, die ihr Ziel vor Augen haben und nach dem Himmelreich suchen. Aber ob wir nun Kaufmann oder Pflüger sind – und wir können beides zu unterschiedlichen Zeiten in unserem Leben gewesen sein –, wir erkennen an, dass Gott für jeden Menschen einen Plan hat. Der Pflüger war dazu bestimmt, den Schatz des Himmelreichs zu finden – es geschah nicht zufällig, sondern durch Vorsehung. Der Kaufmann fand die Perle nicht nur durch sein eigenes Handeln, sondern mit Gottes Hilfe. Es war ihm bestimmt, die Perle des Himmelreichs zu finden. In beiden Fällen gab es eine gewisse Willensübereinstimmung. Der Pflüger wollte den Schatz finden und fand ihn nur, weil Gott wollte, dass er ihn findet. Der Kaufmann wollte die Perle kaufen, weil Gott es wollte, dass er sie kauft. Jeder erreichte seine von Gott gegebene Bestimmung auf seine eigene Weise.

Es wird manchmal gesagt, dass „Liebe nichts anderes ist als aufgeklärter Eigennutz". Für den Pflüger gab es keinen größeren Eigennutz, als den Schatz zu finden und für den Kaufmann gab es keinen größeren Eigennutz, als die Perle zu kaufen. Doch der größte Eigennutz, den wir hier unten haben können, besteht darin, Gott und das Himmelreich zu suchen. Der heilige Paulus sagt: „Sinnt auf das, was droben ist, nicht auf das, was auf der Erde ist!" (Kolosser 3,2). Er meint damit nicht, dass wir unsere zeitlichen Pflichten oder unsere irdischen Gaben vernachlässigen sollen, sondern auf unseren letzten Schatz und unsere Perle ausrichten. „Denn wo dein Schatz ist, da wird auch dein Herz sein" (Matthäus 6,21).

Das Himmelreich verdient und verlangt eine zielstrebige Antwort, die nicht auf Kosten unserer staatlichen oder irdischen Pflichten geht, sondern alles auf unser endgültiges Ziel und unsere Bestimmung ausrichtet. Dies erfordert Selbstaufopferung und Losgelöstheit. Der Pflüger und der Kaufmann mussten Opfer bringen, um den Schatz und die Perle zu erlangen. Doch Opferbereitschaft und Loslösung werden in dem Gleichnis nicht betont, sondern vielmehr der Wert des erworbenen Gegenstandes (das wahre Gut) und die Freude am Besitz.

> Was kein Auge gesehen und kein Ohr gehört hat und in keines Menschen Herz gekommen ist, was Gott denen bereitet hat, die ihn lieben. (1. Korinther 2,9)

Schätze und Perlen

Fazit

In den Reflexionen „Christentum im Niedergang" und „Fünf Vorschläge" habe ich den Rückgang der Mitgliederzahlen in den christlichen Kirchen des Westens erörtert und Wege aufgezeigt, wie dieser Rückgang verlangsamt, aufgehalten oder umgekehrt werden könnte.

In der katholischen Welt sprechen wir von einer Neu-Evangelisierung und freuen uns darauf. Dieser Begriff begleitet uns schon seit einiger Zeit. Das Zweite Vatikanische Konzil (1962–1965) befasste sich unter anderem mit der raschen Säkularisierung und Entchristlichung der modernen Welt und verwendete in seinen Dokumenten durchweg das Wort *Evangelisierung*. Zehn Jahre später veröffentlichte Papst Paul VI. das Apostolische Schreiben „Evangelisierung in der modernen Welt" (1975), in dem er die Katholiken aufrief, diejenigen zu evangelisieren, denen das Evangelium nie gepredigt wurde, sowie getaufte Christen, die ihren Glauben nicht mehr praktizieren.

Als Papst Johannes Paul II. 1978 zum Papst gewählt wurde, stellte er die Evangelisierung in den Mittelpunkt seines Pontifikats. In einer Ansprache auf einer Bischofskonferenz in Haiti forderte er eine „neue Evangelisierung. Neu in ihrem Eifer, ihren Methoden und ihrem Ausdruck". In *Mission des Erlösers* (1990) schrieb er: „Ich halte die Zeit für gekommen, da alle kirchlichen Kräfte für die neue Evangelisierung einzusetzen." Er fügte auch eine dritte Gruppe zu den beiden von Papst Paul VI. genannten hinzu: die Getauften, die in ihrem Glauben glühen.

Benedikt XVI. fügte den letzten Teil dieser kurzen Erzählung hinzu, als er schrieb, dass die neue Evangelisierung inhaltlich nicht neu sein wird und es keine Änderungen an der etablierten Lehre geben wird, sondern nur Neuerungen und Anpassungen in ihrer Darstellung.

Vielleicht wird sich die Neu-Evangelisierung im Laufe der Zeit allmählich herausbilden, aber sie ist sicherlich noch nicht auf der Bildfläche erschienen. Fairerweise muss man sagen, dass die katholische Kirche betont hat, dass es keine einheitliche Formel gibt (Papst Benedikt XVI.), sodass die Neu-Evangelisierung anscheinend etwas ist, das von vielen Einzelnen im Laufe der Zeit erarbeitet werden muss. Die aktuelle Version des *Katechismus der Katholischen Kirche* wurde in den 1990er Jahren veröffentlicht und meiner bescheidenen Meinung nach ist sie eine schön formulierte Wahrheit.

Zu den Reflexionen mit dem Titel „Christentum im Niedergang" und den „Fünf Vorschläge" ist anzumerken, dass ein Rückgang des Kirchenbesuchs nicht gleichbedeutend ist mit einem Rückgang des Christentums. Es gibt Menschen, die weder die Liturgie noch den Gottesdienst besuchen, aber dennoch beten, an Gott glauben und ihr Leben nach dem christlichen

Glauben und der christlichen Moral leben. Sie betrachten sich selbst als Christen und sollten auch als solche gezählt werden. Vielleicht sollten wir also zu den drei oben genannten Gruppen eine vierte hinzufügen: getaufte Christen, die nicht in die Kirche gehen, aber ansonsten nach christlichem Glauben und christlicher Moral leben. Auch diese Menschen bedürfen der Evangelisierung.

Das Problem der Kluft zwischen der Kirche und der Welt in Bezug auf Geschichte und Wissen und die daraus resultierende kulturelle Dissonanz kann nicht hoch genug eingeschätzt werden. Wie diese Kluft überbrückt werden kann, ist die größte Herausforderung, der sich das Christentum im 21. Jh., und wahrscheinlich darüber hinaus, stellen muss. Jeder, der einen Dienst übernimmt, wird mit dieser Herausforderung konfrontiert sein, und man sollte eine gewisse Art von Innovation erwarten. Die Reihe *Ein Held wird erwählt* ist der Versuch einer solchen Innovation und wer hat je behauptet, dass die Neu-Evangelisierung ausschließlich auf die Predigt von der Kanzel beschränkt ist?

Nachwort

In der Einleitung sagte ich, dass jedes Buch eine Art Reise ist, und die Reise dieses Buches ist eine Metapher für die Reise, die wir im Leben unternehmen. Die Reise dieses Buches begann auf dem Titelblatt und endet mit der letzten Illustration auf der folgenden Seite. „Fußabdrücke in der Wüste" stellt die Erfüllung der Reise des Mönchs dar. Wir wissen nicht, wie es dem Mönch ergangen ist, und wir sind auch nicht sicher, wie unsere Reise enden wird. Wir haben nur ein irdisches Leben in der Ewigkeit. Dieses Buch wurde geschrieben, um uns zu inspirieren, darüber nachzudenken, wie wir es verbringen. Wenn die Reise dieses Lebens endet, ist sie für immer vorbei.

Ich möchte mit diesem Gedanken schließen:

Das schönste Wort in jeder Sprache ist das *Ja*. Wenn wir Ja zu Gott sagen, schenken wir ihm einen Schatz. Wenn das Leben Gottes größtes Geschenk ist und wir ihm unser Leben geben, um damit zu tun, was er will, dann geben wir Gott sein größtes Geschenk an uns.

Ich hoffe, dies wird Ihnen in Erinnerung bleiben, wenn Sie umblättern, viele von Ihnen sogar zum letzten Mal.

Über den Autor

Bruder Emmanuel Labrise, O.S.B., erhielt einen B.S. vom Saint Vincent College, einen M.A. von der Bowling Green State University und einen M.A. vom Notre Dame Seminary. Als kontemplativer Mönch mit über zwanzig Jahren Erfahrung im monastischen Leben war er sechs Jahre lang Mitglied des Kartäuserordens und ist seit 2009 Mönch im Orden des Heiligen Benedikt. Er unterrichtete unter anderem in einem Seminarkolleg, arbeitete in einem Ausbildungsprogramm für Priesterseminare und hielt Vorträge in einem Exerzitienhaus. Gegenwärtig lebt er ein eremitisches Leben, in dem er sich hauptsächlich dem Gebet, dem Lesen, der Reflexion und dem Schreiben widmet.

Bücher von Bruder Emmanuel Labrise, O.S.B.
Ein Held wird erwählt – Reihe
Heldengeschichten der Heiligen

Buch Eins: *Reflexionen eines ungewöhnlichen Mönchs: Auf dem Weg zu einer Theologie des Helden-Heiligtums*
Dient als Einführung in die Serie und ihre geistigen und moralischen Grundlagen

Buch Zwei: *Die Mission der Jungfrau: Die Heldengeschichte der Jeanne d'Arc*

 Erster Teil: Historischer Kontext
   Mittelalterliches Europa im 14. und 15. Jh.; Hochmittelalter; Hundertjähriger Krieg; Geschichte von Frankreich und England

 Zweiter Teil: Die Mission der Jungfrau
   Die Geschichte von Johanna als Heldin und Heilige, die sich auf ihre öffentliche Mission (Heldenereignis) konzentriert, von der Zeit, als sie Domrémy verließ, bis zu ihrem Verhör, ihrem Prozess und ihrer Verbrennung auf dem Scheiterhaufen (Heldenmoment)

Buch Drei: *Gottes guter Diener und der des Königs: Die Heldengeschichte des Thomas More*

 Erster Teil: Historischer Kontext
   Europa der Renaissance im 15. und 16. Jh.; Reformationszeit; englische Geschichte und Kirchengeschichte

Zweiter Teil:		Gottes guter Diener und der des Königs Thomas Mores Heldengeschichte, die sich auf seine öffentliche Ablehnung von König Heinrich VIII. (Heldenereignis) bis zu seiner Hinrichtung (Heldenmoment) konzentriert
Buch Vier:		*König der Könige: Die Heldengeschichte Jesu von Nazareth*
	Erster Teil:	Historischer Kontext Geschichte des Alten und Neuen Testaments; Römische Besetzung Judäas im 1. Jh. n. Chr.
	Zweiter Teil:	König der Könige Die Geschichte des Heiligen Helden Jesus von Nazareth mit Schwerpunkt auf seiner öffentlichen Mission (Heldenereignis) von seiner Taufe im Jordan durch Johannes den Täufer bis zu seiner Kreuzigung auf Golgatha (Heldenmoment)
Buch Fünf:		*Mönch, Priester und Märtyrer: Die Heldengeschichte von Maximilian Kolbe*
	Erster Teil:	Historischer Kontext Europa im 19. und 20. Jh.; der Aufstieg des deutschen Nationalismus; der Nationalsozialismus und der Zweite Weltkrieg
	Zweiter Teil:	Mönch, Priester und Märtyrer Maximilians Helden-Heiligen-Geschichte mit Schwerpunkt auf seiner öffentlichen Mission als Priester (Heldenereignis) bis zu seiner Inhaftierung und seinem Tod in Auschwitz (Heldenmoment)

Buch Sechs: *Eine nie erzählte Geschichte der Berufung: Eine Heldengeschichte zukünftiger Heiliger*
Kurzroman, der im späten 22. und frühen 23. Jh. spielt

Buch Sieben: *Biblische Heldenverse: Meditationen eines Heiligen*
Inspirierende Bibelzitate von der Genesis bis zur Offenbarung

Persönliche Notizen und Gedanken

Persönliche Notizen und Gedanken

Persönliche Notizen und Gedanken

www.ingramcontent.com/pod-product-compliance
Lightning Source LLC
Chambersburg PA
CBHW020307010526
44107CB00001B/11